COMO SABE EL VIENTO

QUE ES SOLO UN SUSPIRO

JOSÉ RAMÓN CANO

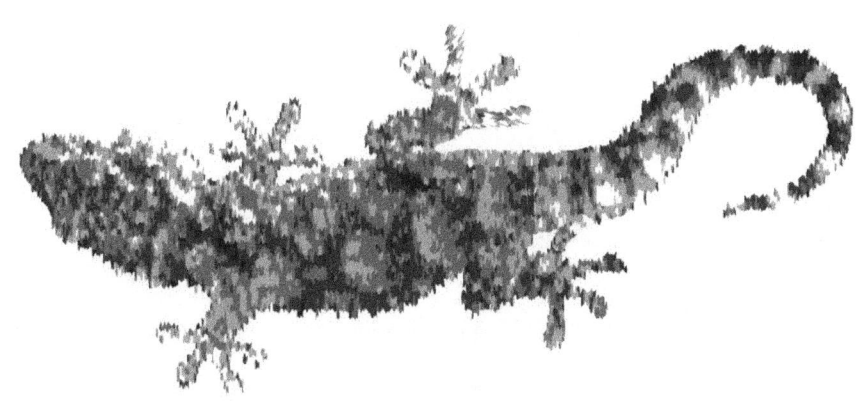

Copyright © 2015 José Ramón Cano Rosás

Todos los derechos reservados.

ISBN-10:846069495X
ISBN-13:978-84-606-9495-3

Este libro no obedece a ningún propósito, no es premeditado. Únicamente es la reunión de aquello que fui escribiendo en diversos momentos de mi vida, empujado por esa necesidad misteriosa que nace de la insatisfacción vital, de la inevitable frustración que la existencia y la inherente cuestión de la trascendencia conllevan.
Sin embargo, y afortunadamente, de manera esporádica también empujan hacia las mareas de la escritura otros instantes de emociones más positivas y ligeras, y en alguna que otra ocasión así se percibe en este volumen.
Sé bien que la calidad de sus contenidos es dispar (diré con indulgencia que a veces es escasa), como corresponde a una obra longitudinal y evolutiva, y quizá por eso mismo no me importa demasiado. Aunque nunca se me habría ocurrido darlos al mundo tiempo atrás, quedaron ya lejos los días de la timidez y la vergüenza, del retraimiento y el miedo al qué dirán. Y no es que haya por fin derrotado a la pérfida cobardía, solamente que soy algo más viejo.
Hay heridas que no cierran nunca y dolores que ineludiblemente perduran, y por eso este libro no lleva dedicatorias, pero ellos y yo sabemos bien para quién es. No sé si merecería aprobación, condescendencia o desagrado –también ignoro esto-, pero las pequeñas dosis de amor de las que soy capaz y que contiene en modo alguno serán por el viento arrastradas como hojas secas.

JOSÉ RAMÓN CANO

SUMARIO

	Agradecimiento	ii
1	Calma Chicha	4
2	El precio del tiempo pasado	50
3	Venid a mí	94
4	Vencidos y depuestos	138
5	Este mundo inmaculado	168

AGRADECIMIENTO

Bene me ha soportado todos estos años, como buena compañera (y ha hecho bien en corresponderme con similares dosis de parecidas medicinas), y Eva es un mundo nuevo y diferente. Las dos juntas conforman un hábitat inesperado y misteriosamente resplandeciente, algo así como una confusa mezcla de estupefacción y fascinación. No nos aburrimos, no.

Y tú, mamá, si lees esto no sufras: es humo. Solo humo.

COMO SABE EL VIENTO

Calma chicha

COMO SABE EL VIENTO

I

Ellos dirán que estamos locos.
Nos mirarán de lejos, recelosos, implacables;
nos prohibirán oír, nos prohibirán los ojos
pero tú y yo no somos ellos, no son nadie.

Ellos, de lejos siempre, condenarán nuestras vidas
y nos dirán !malditos¡ con su desprecio;
nos odiarán a muerte y enterrarán con ira
nuestros retratos, nuestras sonrisas, nuestros recuerdos.

Ellos, siempre ellos, querrán olvidarnos con su ausencia
y querrán que nos pudramos, es su secreto;
y querrán matarnos, darnos caza con su ciencia
pero tú y yo... !tú y yo no somos ellos¡

No somos ellos porque olvidaron besar y sonreír,
no somos ellos porque criaron el odio y le quisieron,
no somos ellos porque no saben que se puede arrepentir
el viejo adiós, el rio esclavo de su curso lento.

Y volverán a mirarnos, y a susurrar, y a aborrecernos,
y a odiarnos con su cuerpo y con su alma, con su vida;
y de nuevo intentarán el torturarnos, convencernos,
sin saber que no convencen las miradas con envidia.

Pero tú y yo no somos ellos, tú y yo somos el aire,
somos el viento, somos la vida, la esperanza y la frescura;
y es que ellos no lo saben, porque ellos no son nadie,
pero tú y yo somos eternos como reflejos de luna.

II

    Sangrantes piedras que manan la muerte,
tapiz coagulado que brota del suelo,
regueros de asco que bañan mi mente
!qué horrible y qué ingrato vivir sin anhelos¡

    Despojos de vida recorren el mundo,
su canto apagado levanta a los muertos,
y todo lo inunda de ausencia y susurro
el triste silencio de ser solo un peso.

    Se agrava el suspiro, suspenso del aire,
y abraza al cansancio haciéndole presa;
la muerte se ha muerto, la vida me pesa,
un mundo vacío, un mundo de nadie.

    Un soplo de tiempo, recuerdo el pasado;
un día de luto que nace insolente;
olvido y sus frutos, las cosas de siempre:
el luego no existe, ayer lo ha matado.

    Huir de la vida, del ruido y la gente,
del mundo que espeso oculta el silencio,
de risas lejanas, de ajenos intentos
por ser tan felices, no vagos y ausentes.

    Esencia tan pura de azul la mirada,
sonrisa lejana de escaso presente
sintiendo tan hondo una vida que acaba,
que no soy el mismo, que soy diferente.

    Se encoge el sentir, el aire de estar tan seguro,
rincón de sollozos y penas tan tristes;
espacio vacío, vacío en el tiempo, vacío el futuro...
Engaño de vida !qué mal se resiste¡

    Huir del bullicio, de eso especial que llena sus vidas,
pujante alegría, moverse en su mundo que es casi pueril.
Es ese mi vicio, es esa la sangre que baña mi herida.
Y día tras día, no tiene sentido …¡Sacadme de aquí!

III

De lágrimas divinas nació el Cielo
herido por silencios sin sentido,
cansado de mentiras entre anhelos,
deshecho de amargura entre el olvido.

Rozó tiernas pasiones y levantó mil destellos
y ahogó alguna tristeza inoportuna;
y pudo con las dudas, y pudo con recelos,
y pudo con influjos de mil lunas.

Llenó los mil vacíos de la nada,
creó luz y materia, sueño y vida:
ilusiones, alegrías, esperanzas,
futuros, vericuetos, melodías.

Deshizo las ausencias para intentar ser eterno:
la sed del universo le oprimía,
le hacía estar ajeno a sus sonidos y a sus versos,
le hacía consumirse entre agonías.

!Creó las oraciones, un clímax de ironías,
y el aire que respiran los engaños¡
!Frustró las ilusiones, negó las simpatías...¡
Mas todo lo que hizo lo hizo en vano.

Reflejos mortecinos y pálidas atmósferas
crearon en sus almas locas dudas;
cansinas decepciones filtraron por sus cosas,
agravios infinitos nacieron de la bruma.

Y el Cielo que creó la fantasía,
el Cielo que era él mismo mil pasiones
hoy gime porque sabe que algún día...
!Oh Cosmos siempre eterno, origen de los soles¡
¿Qué sabe tu juguete, tinieblas adivinas?
¿Qué muerte espera al ama, qué gloria entre qué horrores?

IV

Calma chicha en el ambiente;
se oye empañado el susurro de la abulia,
de una atmósfera silente.
La rutina y la apatía todo nublan.

Vibra el silencio, el vacío;
la ausencia que se nota, que acorrala;
y en la nada escalofríos:
estertor desesperado que no acaba.

Se contrae agonizante, retorcido el sentimiento;
espasmódico, encogido;
desencaja la esperanza y se duda de lo cierto:
el presente es un olvido.

Un murmullo va naciendo, va reptando,
arrastrándose en el suelo polvoriento;
y meciéndose en el aire, y aun flotando;
y sintiéndose caliente ahora su aliento.

Y su vaho pegajoso, casi húmedo y viscoso,
como sangre coagulada;
como engrase putrefacto, maloliente y canceroso;
inundando hasta la nada.

Lentamente se hace espeso, gelatina,
come espacio y avariento expulsa al aire;
su contacto y su urticaria que horripilan:
sensación tan asquerosa, tan estrecha, inaguantable.

Ese frío tan caliente, ese áspero suave,
esa llana superficie y granulosa;
ese brillo ahora apagado, esa cosa
tan horrible, ese vómito que arde.

Te rodea poco a poco, pestilente, repugnante;
te aprisiona y apretuja, te rellena;
se te mete por los ojos, por la boca, por la carne;
te corroe las entrañas, te las quema.

COMO SABE EL VIENTO

Asfixiante te avasalla, y te oprime, y te estruja,
y te muerde con codicia de tu sangre;
y te ahogan sus vapores, y te pincha como agujas
y por dentro te revienta y aun te parte.

Y tus ojos que se salen de sus cuencas, cristalinos;
y tus manos que se crispan, correosas;
y tus carnes se deshacen, y tus huesos son chasquidos:
Bocanada y su desgarre, tan preciosa.

Sudor frío y sangre ardiente, agitación;
no hay control en tus entrañas, desesperas;
encogido y tiritando, contracción;
!y precisas respirar aunque no puedas¡

    Es el último y tetánico, tendinoso movimiento,
    y tu cuerpo va enfriándose, aún caliente.
    ¿Y tu ser y tu conciencia? El vacío llena el tiempo.
    Y de nuevo calma chicha en el ambiente.

V

    Cuarteando sentimientos maduraste muchos días
y hoy recuerdas, desganado, viejos tiempos:
emociones sostenidas entre débiles caricias,
entre grises añoranzas y nostálgicos lamentos.

    Escurrióse entre tus dedos como un hilo
porque tú no los cerraste para atrapar a la vida;
y dejaste que escapase, que muriese entre el olvido
harta ya de mendigar sin ser oída.

    Cerraste los ojos al curso rápido y sincero, cristalino,
prefiriendo un cauce lento y sin sentido;
un sesteo de entretiempo y un monótono camino,
un bagaje de pereza y unos gestos desvaídos.

    Te dormiste, soñoliento y aun pesado, a la ilusión;
madrugó tan solo el viento al conformismo:
ni siquiera una inquietud, ni siquiera una canción
"Yo mañana estaré aún vivo... ¡da lo mismo¡"

    Olvidaste que el amor es intranquilo, un pobre loco,
que la ilusión es nerviosa, que la vida es un resorte;
y así te fuiste oxidando, cada minuto otro poco,
y en el fósil de tu alma ya no caben los recortes.

    Fuiste haciéndote insensible, ajeno, irreal e inexistente,
un viscoso estar al lado, sin presencia;
y ahora pagas tus ausencias ¿te arrepientes?
Esperanza y su condena, siempre inciertas.

    Creíste en las estrellas, su mensaje, su infinito,
sin pensar que Dios quizá se alimente de recuerdos
¿y qué has hecho de tu tiempo, de tu sangre, de tus gritos?
En el aire ya no están. Va acercándose el momento.

    Puede ser que el sentimiento aún te abarque,
que te inunde en lo divino el Universo,
pero el miedo al viejo olvido, su lamento,
te hace oír viejas palabras sin que hables.

¿Todo? ¿Nada? Es horrible y tú decides:
como un único recuerdo, todo un cosmos;
rancios días y emociones ¿Aún vives?
Piensa, piensa... el alimento de todos...

VI

    ¿Todavía andas buscando el Gran Secreto?
¿Y sollozas aún silencios fracasados?
!Ay, qué poco has entendido los reflejos
que te alcanzan e iluminan a diario¡
    No desprecies las ausencias que descubres en los cielos
y no hurgues sin sentido en los rechazos:
las miradas que allí anidan, y sus vuelos,
son más mágicos, más bellos, más cercanos.

VII

¿Por qué te empeñas en sentir de lejos?
¿Por qué te empeñas en dejar el mundo?
¿Es que no sabes que cada segundo y cada silencio
son un aire nuevo y un nuevo murmullo?

    Y por qué te escapas de las sendas vivas, de los aires buenos;
y por qué te escondes entre las ausencias que te van sangrando,
y por qué no escuchas las viejas palabras del soñar despierto,
del sonido claro de las ilusiones, y de las verdades que están
          esperando.

    Y por qué rehúyes el contacto limpio de caricias nuevas,
y por qué destierras el latir caliente de tus mediodías,
y por qué no guardas entre tus recuerdos las luces y fuegos
que te alumbran siempre y nada te exigen, aun estando vivas.

    Y si has enterrado los anhelos puros y las puras ansias;
y si has olvidado los deseos vivos, más fuertes que el tiempo
¿a quienes te agarras para que te ayuden, sobre quién descansas?
Y el supremo esfuerzo de seguir viviendo ¿quién te ha descubierto?

    Y por qué te aferras a estos cuatro trozos de carne y de sangre;
y por qué ahora sigues entre mil mentiras adorando una;
y por qué en altares de mirra y de incienso, todo como antes,
sigues consagrando el lejano olvido de tu vieja luna.

    Y por qué no arrancas de tu pecho negro un grito de muerte,
un grito tan agrio y tan dolorido que el cosmos deshaga;
y por qué ahora sueñas con las mil quimeras que no quieren verte
e inventas excusas para, como siempre, poder disculparlas.

    Y por qué recuerdas aquellos sonidos que fueron tu vida;
y por qué aunque ciego ves de nuevo el día que nació la luz.
Y si te revuelcas en tu gran fracaso, que es tu melodía,
¿por qué acabas siempre por llorar sincero si tú no eres tú?

VIII

    Tengo el alma dormida
y me duele la vida,
sus olvidos lejanos.
    Tengo gris la mirada
y las fuerzas heridas
y dormidas las manos.
    Tengo el ser sin futuro y suspenso del tiempo;
tengo el canto marchito de la sangre reseca;
tengo el aire que abraza y que mece en silencio
y emoción cristalina, intocable y perfecta.
    Tengo sueño inmutable, casi eterno, y tan frío;
tengo el gesto cansado del adiós repentino;
y el sopor de la muerte, y su triste gemido,
y su gris canturreo y sus notas de olvido.
    Y la aurora de la ausencia que naciendo todo inunda,
y el renqueo y agonía de sentirse ayer presente,
de saber que se disipa, que se pierde para nunca
volver a elegir. Voluntad, divino duende.
    Soy eterno de tiempo, eterno de piedra
que enmaraña las cosas por su muda protesta.
Soy los ojos directos, la mirada tan seria,
tan lejana y austera de la gris calavera.
    Tengo el tiempo medido, frialdad en las cuentas;
emociones regladas en un orden perfecto;
controlada la vida, controlada la sangre, controladas las metas.
Aplacada ironía de sentir insurrecto.
    En el cielo una estrella, brillante, destaca
¿qué mudo mensaje rodea mi entraña aterida?
Y en el viejo y eterno silencio una estrella se aplaca
porque no me estremezco, tengo el alma dormida.
    Y en el aire se siente el lejano silbido de la madre Tristeza,
el vacío mordiente que esa perla fugaz va dejando;
y resbala en mi rostro, y en mis labios salada se funde y bosteza:
y me sabe a regreso vencido y a futuro amañado.

IX

La melancolía vive allá en lo alto, tras las nubes,
donde nace la tristeza entre música de esferas.
Vive el tiempo y su secreto.

Y mil duendes caprichosos le custodian; los azules
que derraman son reflejos sobre lágrimas de estrellas,
son caricias del señor de los silencios.

Viven sangres adivinas, y la música cruel de la existencia,
las convulsas ilusiones que se saben traicionadas;
la promesa de los vientos.

Y en el templo de los sueños mil eclipses y mil mágicas estelas,
los sonidos de la vida suspendidos en miradas,
la caricia de lo eterno.

X

    Suelo caminar por tus silencios,
sí, por tus sonidos,
acompañando a un alma que me encuentro
y que completa mis exilios con sus ruidos.

    Suelo rebuscar entre tus rosas
los recuerdos de otra vida que he perdido,
el contacto entre feliz y dolorido
de tus lágrimas prendidas en mis cosas.

    Y entretengo mis desdichas en tus ojos encendidos,
y deslizo mis anhelos traicionados,
y descubro poco a poco el umbral de mis sentidos
hecho ausencia y esperanza en lo profano.

    Suelo respirar tus suspiros
y recojo de emociones que te caen mis maravillas.
Este cielo azul y eterno... y estar vivo,
porque escondo en tu mirada mis envidias.

XI

No desprecies las caricias del secreto
que te aguardan recubriendo los olvidos,
y no apartes de tu vista los reflejos
que dependen de tus más viejos sonidos.

Espera al Universo;
y recoge con tus manos las esporas del silencio,
los arcanos,
las deidades intangibles de tus días,
las ausencias de tus noches.
La verdad de las mentiras,
el espíritu que anima los reproches.

Siembra esperas que de llantos se alimentan,
siembra tránsito y hastío
pues quizá tras tiempo eterno se resuelvan fantasías;
no es seguro, no son ráfagas que tientan,
no acarician tus sentidos.
Y por eso son tu vida, son tus horas, tu agonía.

Haz que enfermen tus pasiones,
haz que mueran cada día un poco más;
haz que sientan que renacen luego en hombre
y que te odian y les odias;
y que fundan macrocosmos y jamás.
Y que olviden sin saberlo hasta su nombre.

Vive el tiempo como muerte y la muerte como vida.
Crea nadas, que fundiéndote con ellas
en silencio has de alcanzar el Gran Misterio.
Sufre el golpe del vacío, siente el roce que te guía
y no dejes tras tu paso ni una huella.
Quizá nadie más merezca tus anhelos.

XII

    Busco las doradas mansiones de lo eterno
pero me pierdo entre reflejos y lamentos,
y no soy capaz de olvidarlos;
mi condición me borda los pasados que no entiendo
en un alma seca, hija loca de la ambición del tiempo,
llave oxidada de mil armarios.

    Bebo el rocío que del cielo nace y en el hombre anida
porque una sed de infinito me deshace,
una sed que no mitigan alegrías simples;
y rebusco entre recuerdos sin hallar una respuesta y una vida,
solo tengo mil momentos donde caben
las ausencias que soy yo pero que sin mí viven.

    Y sufro hasta morir tan repetidas veces
que subordino la existencia a un ajado y enfermizo rito,
a una sangre consagrada que no es mía,
a un anhelo que desprecia mis esquejes,
a universos que me escupen a la cara y que entre gritos
me reducen a una mierda deprimida.

XIIII

    Si callo los rugidos que me brotan
del fondo del silencio;
si mato esta sonrisa de ironía
ahogándome en sus notas
no es solo por un hambre de universo,
no es solo por la sed de la alegría.

    Si arrullo mil pasados sin historia;
si aclaro mil deseos traicionados
y cubro con sus velos mis miserias;
si broto de canciones y de glorias
que mueren poco a poco entre mis manos
no es solo un sueño loco, una histeria.

    Si cósmicas presencias observo que me espían
y sufro las caricias de su engaño.
Si el tiempo se me escapa.
Si vuelvo a mis rincones por ver la magia pura y maravillas
vagando por mis serios aledaños
con lágrimas de plata.

    Si creo en las estrellas y parto cada noche a su infinito;
si vuelo entre su embrujo a mis abismos;
si siento entre mis miedos sus murmullos
y quiero que su fuerza se deshaga entre mis gritos
no es solo mi demencia y su cinismo:
más bien el resultado de un hechizo
pues noto el sabor acre del conjuro
que impregna amargo llanto, llanto impuro.

XIV

!Eh, tú¡ Escucha que me quejo de abandono
y no haces nada;
que te busco y no te encuentro, y no sé como
acabaré mañana.

!Eh, tú¡ Mira en torno a ti y luego dime
si es verdad,
si podrías dar tu vida y que se hacine
en un mundo de maldad.

!Eh, tú¡ No te creas que te puedes escapar, no,
tú te mueves;
lentamente has de ayudarme a mí también
acabando poco a poco, día a día, como yo.
¿Quién eres?
No lo sabes, nadie sabe nunca quién es quién.

!Eh, tú¡ Es fácil, sin pensarlo aún más fácil!
Acabemos de una vez.
Así, con el tiempo aún más fácil y más fácil:
yo también te ayudaré.

!Eh, tú¡ y no sabes dónde estamos, tiene gracia ¿eh?
Y yo tampoco lo sé.
Pregúntale al vacío donde estamos, acaso lo sepa él;
quizá sea la respuestas a tus "por qués".

XV

El río cuando nace siempre ve lejos el mar.
Pasa el tiempo, y el mar está cerca, y el mar le da miedo:
 desespera y aterrado ya se niega a caminar...
Y después en el mar se disipa, y él mismo es el mar sin saberlo.

XVI

Sobre huesos caminando, sus crujidos que te increpan;
resarciéndose tu alma con sus ruidos;
escuchando sus lamentos que monótonos bostezan
y riéndote al saber que son gemidos.

En el cielo y firmamento, en el orbe y sus espacios,
en el aire que respiran tus amigos;
en la mirada infinita, y en su gesto más reacio
...te perfora hasta dolerte su sonido.

En la gota de sudor que tan fría te recorre;
en el brusco sobresalto de la noche;
en las manos que te ahogan aunque tú no las conoces
y en el miedo y en el asco de su roce.

En los claros y brillantes desgarrones del silencio;
en la sangre que cubriéndote coagula;
en espaldas que se vuelven, soledad que son del tiempo;
en reflejos asesinos y grisáceos de la luna.

En el río que te llama, que enfangado te apetece;
en los aires y las brisas de lo incierto;
en los dedos que te soban tan macabros de la muerte;
en la grieta que ante ti se abre en el cielo.

En la estatua siempre inmóvil pero que a ti te vigila;
en el vuelo de sus voces;
en la escucha de sus planes que riéndose te miran
y en sus gritos tan atroces.

En la mirada cristalina, penetrante, asesina y puntiaguda;
en la sangre de sus fosas;
en los terrones de carne, que al pisarlos hoy te acusan
y que torvos se te mofan
y se pegan a tus ropas.

En la linfa del mañana que te espera hasta en lo eterno;
en las horas que te acechan;
en su velo que te cubre, la crisálida del tiempo,
y en los miedos que refleja.

En la noche que te espera enseñándote a su muerto;
en las flores que machacan los cañones;
en el aire que te abrasa, porque el hombre es todo infecto;
en la música que amarga tus canciones.
Y tus ojos te abandonan, tus oídos ya no escuchan.
Ya no duele ni la vida ni la muerte.
Piedra inmóvil, alejada, insensible, fría y dura.
¿emociones en tu alma...? ¡No! ¡Asesinos! ¡Mienten!

XVII

¡Gritad conmigo! ¡Todos juntos
y uno a uno!
¡Gritad tan alto que todo el mundo
escuche nuestro canto y sienta nuestro ayuno!

¡Gritad al día, a la noche! ¡Al sueño
y la pesadilla! ¡Al cazador y al cazado!
¡Al hombre solo, y al esclavo! ¡Y a su dueño!
¡Gritad a la vida que estamos hartos
de ser agua que resbala en un tejado!

¡Gritad a Dios, y al Universo!
¡Al Cielo, al futuro y al pasado!
¡Gritad conmigo, todos, sin miedo!
¡Gritad que estamos hartos de actuar en su teatro!

¡Que estamos hartos de creer en sus mentiras!
¡Que no creemos ya en la muerte ni en la vida!
¡Gritad fuerte al infinito que solo creemos
que somos eterno hálito y airado fuego!

¡Gritad que nuestro horizonte es cada uno!
¡Gritad que crece el orbe con nosotros!
¡Gritad que ya no hay límite alguno
... que es un universo y un futuro cada rostro!

XVIII

    Es verdad que la infancia ya marchó,
y que nunca ha de volver;
mas ¿para que la queréis si ya pasó?
Soy el mismo, aunque no soy yo.

    Es verdad que la juventud ha de tener
la ilusión de la vida que comienza;
mas ¿para que la queréis si ella no es
quien calma del espíritu la sed?

    Es verdad que el equilibrio en madurez se asienta
(entre nosotros: todo es siempre falso);
mas ¿para que la queréis si al llegar a los sesenta
la vida con ojos ya cansados se contempla?

    Es verdad que vejez debiera ser sinónimo de descanso,
si bien es poco tiempo para pensar;
mas ¿para que la queréis si se apagó ya el canto
de la vida, que la muerte ha de cubrirla con su manto?

    Si es la vida una esperanza debéis de cantar;
si es tan solo un purgatorio... cantar y aguantar;
si un equívoco... nada más fácil: disfrutar.
Si la muerte misma ¡Oh gran secreto! disimular.

XIX

¡Qué loco frenesí me invade!
¡Desesperado me encuentro si te veo!
¡Mi alma sufre en silencio pues no sabe
cómo agradarte, a solas y en secreto!

   Mis manos están huérfanas de tus manos,
mis ojos sin tus ojos están ciegos,
mis labios de tus labios son esclavos
pues les falta tu caricia y están secos.

   Mis noches – tú no estás- son un martirio;
mis oídos sin tu voz son solo tierra;
y mis dedos sin tus dedos son un niño
que se muere de dolor, pues ya no juega.

   Mi cabello sin tu pelo solo muere
y mi boca sin tu aliento no respira;
y en mi alma sin tu alma todo duele:
sin tu calor se ahoga, no está viva.

   Mi mente sin tus risas desfallece;
mi piel, sin tu piel, solo se seca;
y mi ser sin tu ser desaparece
… necesito tu presencia, tu fragancia, hasta tus quejas.

XX

    Tristeza: te amo con toda mi alma
y fríamente te odio;
te espero y te adulo, y tú no te cansas
de mirarme lentamente y de reojo.

    Vida: ¡qué grito desgarrado de mi ser completo!
Que enraizada te siento;
y te miro, y te contemplo, y te respeto
...y aguanto sobre mis hombros tu peso.

    Amor ¡ah, Amor! sólo tú eres verdad.
Nuestros ojos si se buscan no se encuentran:
me miras, te huyo; me acerco, y te vas.
Solo tú sabes hacer que el universo me duela.

XXI

    Quiero atravesar el aire, y cortarlo
sin pensar siquiera si me araña el viento,
y filtrarme -disimulo un tanto ingrato-
en tu mente y gobernar tu pensamiento.

    Quiero mecerme suavemente en tus sentidos
y encontrar en mis suspiros tu horizonte,
e inundar mi ser de sentir caliente y vivo
animado por la suave melodía de tu nombre.

    Quiero relegar al pozo gris hoy los olvidos
que han matado tantas veces mis certezas;
depurar mi sangre y con su nuevo estilo
escribir tus ilusiones, no tristezas.

    Quiero ahogar recuerdos rancios, casi viejos,
polvorientos como el ser que se me escapa;
y vestir mi pensamiento con los versos
que tu vida ha enhebrado en mi mañana.

    Quiero ser los átomos que conforman hoy tu halo
y sentir tus radiaciones de alegría por mi cuerpo;
tus colores, sentimientos, tus suspiros, tus enfados,
el amanecer seguro que se dibuja en mi puerto.

    Quiero ser el ambiente de tu diáfano día,
el reflejo de tu sol sobre mis aguas;
el amor bordado sobre mis manías
(melancólico y frustrado, por ti aguanta).

    Quiero reverdecer el seco ayer en mi presente,
mi sustancia con tus gestos inundar;
convertirme en tu deseo e, indiferente,
los problemas de mi ser hoy desterrar.

    Quiero olvidar este asco palpable, omnipresente,
caduco, enmohecido y constrictor;
reprimir mi ser mohíno, ayer negro y pestilente
e iluminar con tu luz un futuro de frescor.

Quiero esfumar negruras, vacíos, pozos sin fondo;
difuminar el sentimiento de la nada entristecida,
y decirte que te siento yo en mi ser, en lo más hondo,
que has matado mis torturas y quebrado mis espinas.

Quiero decirte, aún más, jurarte que has movido
en mí ser la ilusión de ser vivido, de seguir;
mirar al cielo con un gesto de esperanza, y sus motivos
navegando en mis adentros para poder ser feliz.

Quiero elevar a ti el sonido de la vida;
esta mirada ennoblecer, otrora muerta;
y esperar que en el mundo y sus mentiras
nazca fuerte la ilusión de estar tan cerca.

Quisiera atravesarte, fundirme en ti cada mañana;
insuflarte el hálito de vida que te debo,
la ilusión que destila tu sabor en mi desgana
y decirte ¡Oh Dios, estoy temblando! que te quiero.

XXII

Sentir el frío de la noche que te abraza,
el canto triste del silencio ingrato;
el sentimiento de llenar la vida que se escapa.
Sufrir por ella, y añorar sus manos.

Caminar entre la bruma tan siniestra,
entre nubes que han bajado aquí a morir;
entre gestos tan ocultos, tan humanos e imperfectos.
Tan solo existe el anhelo de llegar a ser feliz.

La desprovista de color y de esperanza;
la querellante contra el mundo y su destino;
la lujuriosa, la loca y la insensata...
y su frío rostro, aún sin carne vivo.

El mohíno sentimiento que me encoge,
el sigilo de las sombras que estremece;
y sentirla en mi presencia, y dejarle que me roce...
Escalofrío, no quiero decir tu nombre...¡vete!

Esperar tan ansioso que en segundos amanezca
y cantar por dentro para ahuyentar ahora el miedo.
Y callarme poco a poco, y dejar que me entristezca.
Y creer que sigo vivo porque aún la quiero.

Atenazar desesperado un recuerdo confortable;
suspirar su nombre -entre horror luchando-
y seguir sintiendo soledad, dejad que hable
que yo con ella entre tanto voy soñando.

Dejad que camine por el fulgor de la vida,
que ahuyente de mí este horrible pecado;
que purgue conmigo el castigo que expira:
sus fuerzas han muerto, quizá se ha acabado.

Pero todas las noches me alcanza de nuevo lo oscuro,
temor a la muerte y lo no conocido;
y tiemblo aún más miedos, y lloro aún más duro
y muero en silencio, tan solo y perdido.

XXIII

Aún vive el secreto
que alumbra un silencio de olvidos lejanos,
y llora aún incierto
el viejo reflejo de pálidas manos.

Aún riela el gemido
de aquel sentimiento de vida,
y se oye el sonido
de sangre marchita que baña la herida.

Retumba el pasado de aquellos momentos
(la duda es terrible y amarga),
y solo unas voces que vienen de lejos
remueven la espera sin rabia.

Responde la ausencia de aquellos caminos
que el viento bordara enlazados,
y tiembla una tregua cansada de olvidos,
de azules secretos y grises fracasos.

Y el soplo continuo y pausado del cielo
despierta la llama en aquellas cenizas:
el Ser solo es aire, un aire de tiempo,
vivir de recuerdos despacio y sin prisas.

Y tiembla ahora el mundo, suspira,
se aferra incansable al viejo recuerdo.
Un soplo de tiempo y la llama se agita,
y vierte en silencio su estela de fuego.

XXIV

    Las cosas no han cambiado en un momento:
despacio un viejo adiós nos ha alcanzado,
y ya nada es lo mismo, ni aún el tiempo
que juntos, hasta ayer, juntos pasamos.

    Hoy todo es diferente,
nos ha mordido el fuego del silencio
y todo lo que sientes
tan solo son cenizas que vuelan con el viento.

    Nostalgias del ayer, que fue tan dulce,
que siempre nos bordó en su melodía,
que son ahora una ausencia que nos cubre,
un viejo sentimiento que juntos nos olvida.

    ¿Por qué solo un vacío hoy llena mis mañanas?
¿por qué solo camino entre mis dudas?
¿por qué solo el silencio, solo el silencio me habla?
¿por qué mis ilusiones se mueren de amargura?

    Respóndeme: me estoy muriendo por negarte
y lloro porque siempre nos hemos ignorado;
jugar es siempre fácil, pero amarte,
amor,
es solo un sueño que apenas me ha soñado.

XXV

Preguntad al silencio por quién sufre de amores,
y veréis que el silencio se calla;
preguntad al mañana si son fuertes dolores
y tendréis que esperar a mañana.

Preguntadle a los vientos si se mueren de pena,
si callados y a solas han llorado una ausencia,
si recuerdan a alguien cuando el cielo navegan,
si han sentido temor al notar su presencia.

Preguntad a los mares si hablan a las estrellas,
si les cuentan secretos tan sencillos y bellos,
si despacio susurran que no viven sin ella,
si al llorar su mirada estremece hasta al cielo.

Preguntad al rocío si con ella ha soñado,
si ha sentido su aura y por eso la ama,
si su brillo y frescura son tan solo el fracaso
de una perla furtiva que ha nacido del alma.

Y ahora al cielo mirad con envidia
porque él para siempre la tiene,
aunque siempre está lejos y por eso nos grita,
aunque espera caricias que sabe que no puede.

Escuchad, prolongado, este canto y dolor
que ahora llena universo y se pierde infinito;
porque sufro de tiempo, y de cielo, y de amor,
de sentir hoy su ausencia: soledad y martirio.

Si buscáis al silencio olvidad que estáis vivos
y venid a buscar orfandad que me viste.
El amor es sigilo, yo no puedo decirlo,
porque es mío tan solo y sin mí ya no existe.

Voy al tiempo insondable confiar un secreto:
la esperanza y la duda hoy en mí se han unido.
Solo espero que ella las separe de nuevo
y sabré si en su vida sólo soy un olvido.

XXVI

    Murmullos. Que pintan lo lejano.
El tiempo os ha alcanzado
y el aire en su silencio solo espera
que lleguen, como siempre de la mano,
el viejo y gris secreto y su quimera.

    Recuerdos. Que siempre te han amado
y quieren conocerte en la mirada,
que olvidan los pesares tan avaros
y vierten sus verdades casi airadas
de tiempo gris y agrio que se acaba.

    Esperas. De espesos sentimientos ya colmadas,
de sangre y de lamentos, y de acasos;
pesares que entre azules hoy te aguardan:
las manos enlazadas... y su rastro
se pierde en el silencio del fracaso.

    Mentiras. Que siempre te persiguen y te adulan,
que engañan, martirizan con ternura;
que ahora te rodean y llenan tus silencios,
que asfixian tus confusos sentimientos
que al cabo han terminado en amargura.

    Olvidos. Que ahora te desgarran las entrañas
sangrando tus sentidos de dolor;
llorando, como un niño, una canción;
vistiendo aquellos tiempos de nostalgia,
borrando los futuros que te aguardan.

        Y esperas en la calma de estar vivo
miradas que reflejen la ternura;
han muerto los murmullos, las mentiras, los amigos,
y solo azul reflejo de la luna
hoy colma tu universo de anhelos atrevidos.

COMO SABE EL VIENTO

Y todo se ha dormido dulcemente
y da la sensación de ser soñado,
balada azul y gris de aquel pasado
que ahora y desde ahora para siempre
al tiempo, viejo orgullo, ha encadenado.

    Ahora eres eterno
    y toda tu verdad son emociones.
    Tú solo y tus silencios:
    tu luna, su mirada y tus canciones.

XXVII

Decidme por qué me muero en silencio
y guardo en mi entraña la llama asesina;
por qué no la apago, por qué sigue el fuego
mordiendo en silencio mi alma y mi vida.

Decidme por qué me aterra el futuro,
por qué soledades me quieren amar,
por qué se me aferra el tiempo tan duro
y me hace sentir tan cerca el final.

Decidme por qué ella ahora me ignora;
decidme si muero en inútil calvario,
si aquella caricia que espero no es otra
que verme en sus ojos morir por sus manos.

Decidme por qué la quiero en silencio
¡decidme por qué sus risas me matan!
Decidme si espeso de mis sentimientos
me ahogo en mi propia esperanza.

Decidme si el mundo sin ella aún existe;
decidme si el aire sin ella quizá me envenena;
decidme si el viejo pasado tan agrio reviste
mi viejo secreto y mi antigua quimera.

Decidme que mueren el mundo, la vida,
la verde frescura que ayer yo sentía;
que todo es mentira pues ella se olvida
de aquel disparate que a solas reía.

¡Decidme si Dios, el eterno, resiste su ausencia;
si el alma que arrastro es de Dios o es de ella!
¡Decidme si el Cielo aún alumbra y gobierna
un mundo que muere si en él no está ella!

Decidme si acaso mi llanto es mentira,
decidme que el tiempo y su duda me vuelven hoy loco;
decidme que río y no lloro, que ella me mira,
que no sufro en vano, que no me destrozo.

COMO SABE EL VIENTO

¡Decidme que no! ¡Decidme que no!
Que muero por nada,
que ella aún espera mi vieja caricia,
que quiere encontrar mi mirada.

Decidme que al mundo también hoy desprecia,
que espera en silencio mis pobres palabras;
que quiere leer mis versos de ausencia,
de cosas tan viejas y mal hilvanadas.

Decidme otra vez que sufre en silencio
(yo sé que me muero si ella me falta)
y así, si queremos, engaño del tiempo,
podremos juntar eternas miradas.

XXVIII

    Soy un hombre que se arrastra por la arena
y que grita cuando sube a las montañas;
soy un loco, un enfermo de gangrena
que corroe muy profundo toda el alma.

    Soy un grito que se escapa entre las sedas
que le envuelven queriéndole ocultar;
soy un canto universal, la última espera
que derrama el infortunio y el jamás.

    Soy la muerte, la desgracia, lo maldito;
soy el hombre que a Dios quiso castigar;
soy el polvo que recubre mil y un mitos;
soy cenizas que se pierden en el mar.

    Soy la gente que se cansa de la vida,
soy el susurro del mal;
soy la inocencia perdida
del que no quiso cambiar.

XXIX

    Vacío en el alma, ¡qué charco tan negro!
La vieja rutina un día tras otro.
Sentir que me falta un algo y su dueño,
doblar cada esquina y ver que estoy solo.

    Escarcha tan fría, la perla tan triste;
estar siempre solo es algo terrible.
El gris sentimiento tan agrio reviste
la falta de alguien que no es estar libre.

    Dejar navegar la pena del ser, su oquedad,
su lenta agonía viviendo al sufrir;
y yo necesito su vida y sus ojos, su mar,
su alma y su estancia y su reincidir.

XXX

    El Cielo prepara hoy su luto,
pierden su vida el río y el mar,
y ahora esta tierra recoge los frutos
de haber osado al hombre crear.

    Sube el humo, denso y negro, anhelante al cielo;
sigue la voz que le llama profunda y real;
se espesa y se anima, su muerte y sus dedos
envuelven la vida. Lo verde agoniza al final.

    Las piedras se esparcen como brotadas del suelo,
la tierra grisácea y opaca oculta hasta el mar;
el polvo sediento y reacio es un velo
que ahoga y asfixia la vida al flotar.

    El tóxico ambiente, letal y empañado;
los ríos resecos, los cauces marchitos.
Moribundo planeta, tan yermo y cansado,
alberga ahora eterno constantes sus gritos.

    El eco se extiende y explora el desierto,
las casas vacías, las selvas... ruinas...
y hasta el polvo mismo parece que ha muerto
de asco y de ausencia. La atmósfera expira.

    Los huesos pelados tapizan el suelo;
el día agoniza aun naciendo oscuro,
sin luz que esté viva, sin tiempo y futuro,
y hoy solo el pasado levanta su vuelo.

    Los tallos se encogen, se abrazan a un rictus de asco,
dejad que les rocen los viejos gemidos de sed:
el hombre no existe, mas siguen matando sus manos.
El mundo reviste de olvido el recuerdo del ser.

    La muerte me besa con pasión y fuerza
aun sabiéndome indefenso a sus encantos,
su paz tan serena mi alma gobierna.
Tan solo deseo beber de sus manos.

Me fundo con ella, se acaba la vida;
no existe el futuro, me engañan mis ojos:
la luz que destella no es cierta y me mira
¡Qué horrible y que duro ser solo despojos!

Qué unión tan perfecta, qué imagen tan pura:
desierto de vida y sembrado de polvo,
sin ojos que alberguen la luz de la luna,
miradas que brillen, reflejos de oro.

El triste fulgor, la luz blanquecina, la ausencia;
hoy vibra en la nada la esencia divina, la mente;
resplandece el dolor, su fuerza ilumina silente
la llama que acaba y engendra rutina, la inercia.

Gobierna la soledad, la ausencia total de existencia.
Tan solo el vacío total es dueño y señor.
Es esto el futuro, la santa y eterna potencia;
energía, la muerte y cenizas, el Ser Superior.

El eco del silencio, vibrante, espeso, suspenso del aire,
color apagado, sin vida, caduco y ausente.
Es este el desprecio del todo absoluto, presencia de Nadie.
El hoy ya no existe, mañana es ahora, ayer es presente.

XXXI

La esperanza le dijo un día a la ilusión:
"ven conmigo, juntas haremos grandes cosas"
"No, si me voy contigo se secarán mis rosas".
Y así fue su boda. Su única hija: decepción.

XXXII

    Este extraño sentimiento
que me inunda sin permiso,
que me azota como el viento,
que penetra en mi ser vivo.

    Esta espesa decadencia, silenciosa,
y esta muerte
monstruosa
en su inconsciencia, lujuriosa,
insolente.

    Es el asco, es el miedo, por mi cuerpo derramados;
es la vida que defrauda mis pasiones;
es mi alma tan caduca, tan ausente, sus pecados.
Son las flores hoy marchitas. Los crespones.

    Es un cartel que colocó mi destino,
la apatía de vivir, la inconstancia;
el reborde tan cortante de mis filos,
la maldita depresión de un alma rancia.

    El sabor añejo del morir superfluo, reincidiendo;
el espejo sucio de vivir sin aire, sus tormentos;
es aquella gran herida, y su sangre, y sus lamentos...
Son las lágrimas de ausencia, tan distante, siempre lejos.

XXXIII

La tarde es naranja y el sol la rodea,
reproches calientes de vida.
La aurora del tiempo los cuerpos golpea
y abre incruenta la herida.

Un canto, suspenso del aire, se acerca
y eleva su tono en agudo sonido;
espía las mentes, las vuelve resecas...
Esclavos del mundo caéis sin sentido.

La luna recibe orgullosa al gris aliado
(gargantas que claman al cielo incansables):
su voz un suspiro, azul, prolongado,
que todo atraviesa, el Cosmos de nadie.

Su estela de plata, perenne, al cielo ironiza,
y pide universo infinito, lo exige;
y, lejos, el eco devuelve las notas marchitas
que matan amargas al ser que no grite.

Y pronto las piedras, el polvo del mundo, las aguas,
el aire maldito, la vida, ya se desgañitan;
sus mil vibraciones revientan y aguardan:
Estruendo cubierto de gloria, agoniza.

Y así el Universo revienta en cadena:
ya nada se agita, el todo vacío.
Mas dice la ausencia que vive la pena,
lejana, imprecisa, aullar desvaído.

XXXIV

    El sueño esta noche se viste de gala
y el fuego del tiempo son viejas quimeras,
locura de incienso en estrellas de plata
dibuja una ausencia que quiere estar llena.

    Un verde sereno de paz infinita y sosiego,
un manto de luna y de cielo una estela...
La muerte disfraza con aires de nuevo
el viejo suplicio del hombre de que espera.

    Y suena ahora eterno, mensaje del viento,
el gris sentimiento de ser las fronteras.
¡El alma se pudre buscando el Secreto
y nace muy hondo gemido de pena!

    La angustia mordiente las vidas deshace
y vierte su ira en lo azul de aquel canto,
el canto del cosmos... el canto de nadie...
de vida y de muerte, de paz y de llanto.

    Ya todo es silencio, sin voz y sin alma, sin luz.
Mas vive el secreto perdido en lo eterno,
aún gimen los vientos, aún gime la cruz,
y espera la ausencia que reine aún el tiempo.

XXXV

Un poco de rabia y un poco de abulia,
como de costumbre,
van haciendo un charco de continuas lluvias,
como de costumbre.

El sentir se acaba... la escarcha del tiempo
que nos aprisiona,
que cada mañana nace como el viento
que nos arrincona.

El suspiro leve de querer marcharse,
de desentenderse de nuestras fronteras;
y el gemir profundo de querer quedarse,
de aceptar de nuevo las viejas condenas.

El volar de pronto hacia el infinito
(NO existen barreras para el ave blanca);
el adiós al mundo, que quedó en un grito.
No existe un futuro que encendido canta.

Y saber entonces que todo es distinto,
que todo es perfecto;
que no existe el tiempo ni el papel escrito
porque todo es nuevo,
porque todo es tuyo porque tú eres todo;
no existen los cuerpos ni su gris condena,
no existen las tretas, para tu acomodo,
que nos enredaron desde su simpleza.

Todo está a tu alcance porque no está aquí,
aunque no haya nada,
porque tú eres todo pues no existe el fin,
porque nada acaba;
porque nada empieza,
porque el viento es calma, porque el agua es tierra,
porque la alegría es también tristeza,
porque el canto austero la abundancia encierra.

COMO SABE EL VIENTO

Porque el polvo eterno son tus sentimientos;
porque tú eres luces y brillo de estrellas;
porque te alimentas de tu propio cuerpo.
No existen engaños ni viejas torpezas.

Porque tú eres universo, y eres tiempo;
porque tú eres nubes, cósmica negrura
y mañana azul, claridad del día;
porque tú eres cielo y con él sus versos.

Porque tú eres vida por la insania ungida
pues con Dios te fundes porque Dios te guía.
Porque tú eres Dios y nada precisas:
no existen ventanas donde el sol se filtra
porque eres lo nuevo con sus viejas prisas,
porque eres tristeza sin odiar que exista.

Y porque de nuevo, como de costumbre,
sabes que estás vivo;
y el escalofrío de tus emociones ya te reconforta.
Porque tú no ignoras que lo que te cubre
solo es el olvido
de tu propia sangre, que se ha vuelto loca.

Pero estás seguro, pero tú lo sabes
como sabe el viento que es solo un suspiro;
y ahora solo esperas a que pase el tiempo, tu vieja condena.
Porque ya recuerdas en un despertarse
de los sentimientos muriendo el olvido,
y ya falta poco, porque tú eres Dios, porque Dios te espera.

XXXVI

    Mañana, a lo mejor, los ojos no verán ni los oídos oirán;
los pies con el tiempo pensarán, y la cabeza andará;
pero el tiempo es intocable y las canas nacerán
"¿en los pies o en la cabeza?" ¿qué te importa? ¡Nacerán!

XXXVII

    Madurando las angustias, los pesares,
y sufriendo al fuego lento del olvido;
añorando un viejo tiempo, que te sabe
a hierba fresca, de recuerdos remolino.

    La nostalgia poco a poco toma cuerpo,
las fragancias del pasado se remansan
y se funden en tu azul y tu secreto
y el momento se hace eterno. Todo es calma.

    Pero una furtiva caricia, sensible y emocionada,
te revela el gris del mundo que te abraza;
y el silencio te rodea y te anuda la garganta,
y un eterno escalofrío ya te amarra.

    Un adiós escondido, temeroso y apagado;
un susurro de pena, de apego y miedo;
un azul sentimiento, casi sagrado,
enturbian siempre los tranquilos vuelos.

    El ansia de libertad, de amor, de vida;
el aire que respiras, que tiembla en ti...
y te estremeces al contemplar la herida
¿dónde está el tiempo? ... ¿hay un morir?

    Buscas algo que se esconde,
algo sin tiempo y futuro
¿el nombre? No sé el nombre
pero sé que encontrarlo es muy duro.

JOSÉ RAMÓN CANO

El precio del tiempo pasado

COMO SABE EL VIENTO

I

Aquellas sonrisas se me hacen ya mustias;
no son ya mi vida, no son mis suspiros.
Se me hacen extrañas y son una lluvia
que empaña mi vista temblando entre olvidos.

Me siento vacío llenando ahora ausencias
y escondo las horas de aquella pregunta
¿qué soy desde entonces? ¿qué luces me tientan?
Responde el recuerdo que medra en mis dudas.

Y ayer casi a oscuras oí mis silencios,
soñé mis mentiras, rocé mis canciones;
creí ser gigante, vulgar, y hasta eterno
...sentí soledades en busca de amores.

Llegué a las estrellas, burlé los caminos,
y en haces de fuerza pinté un universo;
también me arrastré buscando un destino
...gocé desvergüenzas de ritos enfermos.

Creí en los lamentos de luna apagada
forjando emociones sublimes e inciertas;
y fui casi un dios creando de nada
un sueño imposible, un llanto entre rejas.

Qué duros los aires que ya no respiro:
el tiempo es más sabio, letal y más fuerte.
¡Qué sádico afán por ver mis gemidos
perderse en silencio, perderse y perderse!

II

    Hoy siento de cerca la fuerza del viento
que azota las almas gastadas y viejas;
despliego las velas, y en busca del tiempo
repongo mis penas tan grises y espesas.

    Me asfixia inclemente el aire que bebo,
que quema mis fuerzas y apaga mi fuego,
que ríe mis llantos;
y siento en silencio rozar mis mentiras
la lágrima enferma que surca mi vida,
y que huele a sudario.

    Mi gesto es de rabia, mi rictus de asco,
de sucia impotencia que aflora a mis labios,
de ser tan pequeño;
y haciendo jirones de sangre y miradas,
mordiendo entre risas mis locas palabras,
consumo mi tiempo.

    Soy solo un pasado, tal vez un suspiro
que flota en el viento;
gastadas promesas ahogadas en vino
de envidia y de celos.

    Un loco romance, amor entre orgullo
unido por siempre al aciago fracaso;
aquel sentimiento que flota en el mundo
...sintiéndome extraño en cada regazo.

III

¡Qué lejos el eco de aquellas sonrisas!
Creí ser amor y ser universo
y al poco del aire rasgué mis canciones
¡Se me hizo tan dura la vida...!
busqué su mirada perdido en recuerdos
y a mí se enfrentaron mis pobres pasiones.

El viento arrastró su fiel resplandor,
traiciones me hizo mi azul fantasía.
Lloré solo y triste. Su adiós, un dolor;
y solo en la calle sus pasos seguía.

Sus agrios olvidos mordieron con furia
mi alma grisácea, la hicieron jirones;
mi vida un silencio que desmadejaba
el paso del tiempo, la noche y el día,
un aire reseco de tristes rincones.
Mis ojos callaron. Perdí la mirada.

IV

Nunca antes sintieron así los cristales
un golpe tan triste y tan viejo de lluvia,
tan lleno de olvidos y de soledades,
tan blanco de alma de ausencias oscuras.

Y allá en la ventana el cielo es ceniza,
y adula al silencio que siempre te abraza.
¿Qué crees insensato que habrás tras la vida
si ahogas las horas y el tiempo que pasa?

En grises perfiles dibujas tus días
que ya no se escapan de espesas rutinas
¡adiós, ilusiones! (mis ojos decían
mentiras mezcladas con lágrimas vivas).

Romper las cadenas del viejo secreto...
¡Dios mío! Yo quise arrancarlas:
no vives del aire, no bebes sus besos,
tan solo acaricias su rastro de plata.

Quisieras fundirte con vientos y ausencias,
con soplos eternos de fuego y de vida;
y así al balanceo de antiguas tristezas
mecerte suave, sin penas ni heridas.

Quisieras ser tiempo, vivir de emociones,
de azul sentimiento que a solas te guía;
y acabas llorando pues solo dispones
de algunos recuerdos, de algunas mentiras...

V

No busco el suspiro de ausencias ingratas,
no espero el olvido de gris despedida
ni sigo en silencio sus rastros de plata
...atento el oído, intento escuchar a la vida.

Ignoro si es pronto durmiendo entre estrellas,
si el grano de arena resbala y es tiempo;
si el grito que busca a oscuras acecha,
si risas lejanas esconden secretos.

Tan solo acaricio, febril y hasta obseso,
la esencia de un mundo que nadie ha creado.
Y al cabo su fuerza, su alma y sus rezos
bautizan la nada con nombres de hados.

Y el tiempo en silencio despacio discurre
¿O acaso no existe más viento que el nuestro?
La vista está fija grabando en azules
mentiras preciosas que son solo sueños.

VI

No pienses que en el aire
un soplo de tristeza va flotando;
no pienses que no hay nadie,
que al viento tus suspiros van rogando.

No busques soledades;
no juegues con miradas que son cielo;
no esperes que se paren
por ti el mundo y sus muñecos.

No intentes los triunfos del pasado,
no vivas de recuerdos sin futuro;
no creas que en el halo de lo hablado
aún vibra su grandeza y claroscuro.

No quieras sorprender al Universo,
robar las alas blancas de nostalgia;
no intentes sobornar a los silencios
que son tan solo un vuelo, una fragancia.

No llores los olvidos del presente
ni olvides los sollozos del pasado:
ingenua entre tus manos no la sientes
la fuerza de los tiempos completados.

No bordes brillos viejos y gastados
que saben a clamor de luz y fuego,
de aire y de recursos, de regalos,
de vida entre secretos y recelos.

No seas esa roca que siempre estuvo ahí;
no cubras las verdades con tus velos,
y busca la emoción que siente para ti
perdida entre ignorancias y desprecios.

VII

Me sobra el silencio.
Y el aire me roza con viejas ausencias
que son solo quejas,
que son solo el precio
del tiempo pasado,
sus rejas.

Mis viejos sentidos se cansan ya pronto
o acaso aborrecen el gris de rutina,
de siempre sombrías y siempre las mismas
querellas que llenan de rabia y despojos
las horas tan lentas que caen día a día.

No tengo ya alma. Se van mis suspiros,
y dejan ahogos rozando mi vida;
y siento profundo que todo es mentira,
que loco acaricio sus rotos olvidos,
sus manos de seda, sus horas queridas.

¿Por qué no resuenan las viejas canciones?
Huyendo de mí desprecian sus notas,
me dejan tan solo y anciano... sus cosas
son viejos recuerdos, azul de ilusiones
que escapan y al tiempo mis quejas soportan.

Rozando mis ojos despiertan la lágrima
que busca incesante ¡por Dios! esa vida,
su fuerza, su amor, su sangre en mi herida;
y al cabo se alejan, se van tan impávidas
trocando en banales mis llantos y espinas.

VIII

Y dije adiós al Cielo y al Infierno
partiendo entre sollozos de mi alma
¿qué fuerzas me mantienen en mi cuerpo?
Mañana llega fuerte, y trae con él la calma...

Un grito de Universo es mi agonía,
un cósmico crujir mil y un Olvidos.
No quiero compasiones, no quiero simpatías.
Ahora soy eterno, y no existen caminos.

Yo soy toda la vida, y soy todo el silencio;
la fuerza que me mira desde el fuego,
el aire que no tengo, los hijos que murieron,
las viejas ilusiones mixtificadas en rezos.

No soy solo locura, la vida en carcajada.
Yo soy las mil verdades en sus lunas,
los tiempos que no vuelven, y soy también la nada.
Yo soy el Gran Secreto. La Vieja que os adula.

IX

    Adornando tus silencios con guirnaldas de recuerdos,
escapando a las rudezas, destruyendo los olvidos;
renegando de las horas que tuviste y que se fueron,
de los días que engañaron a tus ojos, tus oídos,
vas alzando en tu castillo una quimera.

    Revistiendo de inocencia la lejana decepción,
el presente de amargura silenciosa y traicionada,
conjurando a las mentiras con intentos de canción,
de sonrisa malherida y de guiños entre sedas...
En el mundo hay un silencio, un recuerdo y un adiós.

    Y quebrantas los olvidos, revolviendo los engaños,
las cenizas y los nichos, el pasado desamor;
las vergüenzas, los pesares, y entre ellos los vasallos
de las horas de agonía. Camuflando los dolores
vas sintiendo el sangrar del corazón.

    Pero el tiempo es un silencio que no abarcan tus oídos,
un lamento tan eterno como el dolor que te adula.
Vas buscando los secretos que en el cosmos se han perdido:
una ausencia, un destello, su entelequia y su locura.

X

    Tiempo. Escalofrío en la frente,
sudor frío del secreto;
sentir pasado el presente
y un porvenir sin reflejos.

    Aire. Respirar monotonía
y temor desconocido de lo cierto;
el cansancio y su agonía,
amargo el sabor de su beso.

    Horizonte. No se acaba su sonido
vibrando la esencia de lo eterno,
gimiendo de dolor perdido
los lejanos lazos que me atan al cielo.

    ¿Y hasta dónde yo me extiendo?
Abarcando la emoción desconocida
y fundiéndome al nacer un sentimiento
con el trémulo saludo de la vida.

    Y la irónica mirada que me roza
deja al tiempo suspendido ante mi herida.
...El aroma antiguo de olvidadas cosas
va impregnando la verdad desconocida.

XI

    Mientras rielan tus sueños
y el azul del silencio tus ausencias inunda
vas buscando recuerdos;
hasta ayer fuiste un niño
y hoy te aman las voces de las cosas desnudas.

    Mientras fuiste sincero
te rozaron caricias de ingenuas mentiras,
de silencio y de lunas;
de verdades a medias, soles de fantasía;
y ahora solo alumbran tus horas esperanzas y dudas.

    Mientras fuiste cariño
en cascadas de vida bebió tu ilusión,
tus esferas y brisas;
y los bosques entonces ya te hicieron su guiño...
Hoy te sangran las viejas heridas.

    Las estrellas te han visto crecer
pero siguen lejanas y mudas:
los antiguos temores ya les sientes volver
y posarse en tu mente y dormir en tu cuna.

    Y después, al bajar la mirada,
ves un triste reflejo para ahogar los sollozos.
La tristeza te inunda,
la tristeza y la nada.
¿Hasta dónde te guía esa furcia?
Y en la senda del tiempo y estrellas hoy caminas ya solo.

XII

    Tus ojos en su lecho acurrucados:
la caricia del recuerdo es un consuelo,
un alivio a los silencios del pasado;
un candil que tu sostienes,
que acaricias con tus dedos.
    Pestañea tu mirada
y vas buscando entre sus hijos tus pinceles,
sus colores y sus aires, y no puedes
encontrar otros silencios.
Ya no hay nada.
    Ya volaron las canciones, las sonrisas,
la ilusión -entre tristezas- que te hablaba.
Ya no hay tiempo, ya no hay prisas;
ya no hay magia en tus rincones, ni en tus versos.
Ya no hay vida que te envuelve,
ya no hay locos en tus sueños;
ya no hay risas ni desprecios, ni los duendes
que tuvieron tu mirada en sus espejos.
    Ya no hay aire, ya no hay gente;
ya no hay rosas ni caminos, ni cansancios;
ya no hay tallos ni simientes,
no hay razones ni motivos. No hay extraños.
Ya no hay cielo ni hay estrellas,
no hay arroyo cristalino y sus encantos;
no hay canciones, y no hay huellas
de silencio con sorpresa o con engaños.
    Ya no hay fuentes que se secan,
ni martirios ni pasadas ilusiones,
ni mentiras al acecho, ni promesas;
ni recuerdos, despedidas ni emociones.
    No hay esperas ni fracasos,
ni deberes ni triunfos, no hay olvidos;
y no hay lágrimas ni hay regazos.
Ya no hay nada, ni esperanzas ni mendigos.

Si la luz de tu candil se ha consumido,
si tu juicio no sostiene ya tu tiempo,
si ha caído resbalando y un suspiro
de sus labios no ha nacido
¿para qué sirven los sueños en silencio?

Es mejor que no lo pienses (agoniza tu mirada,
ya no son tuyas tus manos, poco a poco se te van);
te sumerges en olvidos, en un mar que no se acaba
...no, no llores ¿es acaso diferente a tu vieja soledad?

XIII

Hoy la mañana me ha hecho un guiño
y casi he comprendido su sonrisa;
me ha tratado igual que antes: cuando niño
me decía cosas bellas con su brisa.

Ha sido tan furtiva y transparente, tan sencilla,
tan secreta como aquellas ilusiones de otro tiempo;
aún más frágil que un amor de adolescente en mi mejilla,
aún más dulce que los besos en silencio.

Me ha susurrado al oído secretos tiernos
salpicados de mentiras sin sentido y tan hermosas,
de caricias tan azules, de recuerdos
ya perdidos, de fragancias olorosas...

Su mirada me ha embrujado reluciente
envolviendo mil estrellas de mil cielos,
ha llenado de ilusiones mis simientes,
se ha posado suavemente en mis silencios.

¡Qué de cerca he sentido la vida!
He amado en un instante al universo,
he creído con fe ciega en su sonrisa,
he tenido entre mis voces sus silencios.

He inventado las mañanas de mayo,
la nostalgia tan sensible del otoño;
he tenido entre mis labios otros labios
y otras manos de mis manos han brotado.

He visto florecer mis cien anhelos,
mis ausencias y mis horas, mis canciones;
y no ha sido una mentira en sus espejos,
una huella que entre mil huellas se esconde.

He sido todo el cosmos, casi dios, casi la vida;
he sentido escalofrío de estar cerca y de ser libre,
de volver a los cimientos que sustentan mis mentiras,
de rondar el Gran Secreto y esperar a que me mire.

He palpado el roce, con mis sentidos, de la muerte,
desbordado de emociones infinitas;
y he encontrado entre mis lágrimas, tan lejanas y sin suerte,
la que puede embelesarme sin mentiras.

    ¡Ah, rayo de luz, de escalofrío, de soledad!
¡y qué torpe ha sido siempre mi conciencia!
¿Estoy solo o lo soy todo? ¿soy mentira o soy verdad?
¡Cuánto amor de la mañana entre mis rejas!

XIV

Qué oscuras son las estrellas:
un miedo me invade frío,
un miedo y su magia negra,
un aire que con su filo
me abre las carnes serias.
¡Qué oscuras son las estrellas!

XV

No hay nada más silencio que olvidar;
no hay nada que te asfixie más despacio;
no hay cielo y no hay estrellas, y no hay mar,
ni tardes ni luceros, ni un gesto más reacio.

No hay fuegos que apagar si no hay miradas,
no hay aires que invadir si no hay espera;
las viejas ilusiones se cansan de la nada
y el tiempo te reclama... (¡tus cadenas!)

¡Qué gris es el silencio, qué sola su desgana!
Azules se murieron en un rincón temblando;
el miedo que tuvieron a no ver el mañana
les hizo de tinieblas los esclavos.

No fuerces las ausencias
ni llores hoy tan fuerte tus cansancios.
Tus lágrimas son perlas
que nacen sin siquiera desearlo.

Si han muerto las sonrisas
no ha sido tu fracaso, no ha sido tu locura,
ni ha sido tu mirada aún indecisa.
Han sido los antiguos resquemores y sus dudas,
han sido simplemente las mentiras.

Y si hoy ya no has volado
¿qué fuerzas te retienen aún con vida?
... ¿qué honda pesadumbre te lo impide?
¿O no quieres acaso?
La muerte es solo un soplo, mas tu herida...
Las viejas soledades te reclaman, las viejas y temibles.

XVI

Como aquella brisa que acariciaba
mis rancios recuerdos,
mis locas quimeras, su estela de plata
y mis otros sueños.

Como aquel silencio que llenó mis horas;
como aquellos días
furtivos rozaron mis más viejas cosas,
rotas alegrías;

y en bandejas de cristal y olvido
perdido entre ausencias y añoradas rosas,
entre simpatías,
el semblante adusto que me fue servido.

Como el canto roto después del fracaso,
como el vino rancio de esperar amigos,
como aquella niña que hubo en mi regazo,
que enredó mis versos entre sus vestidos.

Como aquellos soles de quietud serena;
aquella mañana -soledad hermosa-
que se fue quedando dormida en la arena
entre el rio negro y la hierba seca,
entre sauces viejos y matas sin hojas,
entre rabia sorda y muda protesta.

Y el sendero espeso, que casi asfixiaba,
para preguntarse hacia dónde iba
con sus viejas sombras que se rebelaban
a las doce en punto cada mediodía.

Como aquel espejo que reía serio
y que en su mirada abarcaba al mundo;
como aquellos tiempos que entre mis recuerdos
me mostraban vida entre claroscuros.

Como aquellos aires que bebí con ella
y que luego vientos me la separaron.
Como una sonrisa quebrantando estrellas
en mi firmamento, que murió temblando.

COMO SABE EL VIENTO

    Como aquel cariño que yo imaginé
pues en mi delirio siempre hubo un secreto;
y que entre mis cosas, pegado a mi piel,
todavía duda, en loca aventura, si aún existe el tiempo
    y si las estrellas son solo sonrisas,
o son ilusiones o solo son lágrimas,
o si son sus versos, que con tantas prisas
hacia el cielo vuelan entre sí mezcladas.

    Todavía duda de si habla el silencio
pues entre mil voces él escucha una,
y responde a gritos que nacen de dentro,
que rebotan ecos que no mueren nunca.

    Todavía duda de las horas quietas,
de las bocas mudas y del rostro amargo;
de las almas rotas porque entre sus grietas
hay mil ilusiones que se van filtrando.

    Todavía duda de sus emociones
y se ríe a solas de sus viejas penas,
de los sentimientos que siempre recorren
el mismo camino porque van a ciegas.

    Cada vez más grande su gesto de burla
su torcida mueca casi se le escapa;
y así es como huye de malditas dudas
que a pesar de todo, y poquito a poco,
entre mil sollozos de plata y de luna,
de gris amargura,
la sangre le sacan de su blanca alma.

XVII

Yo soy el gris gemido de la noche,
el tétrico desfile de las sombras;
el foso que te atrapa, y tus temores;
los sueños que murieron. Soy tus cosas.

Yo soy el roce leve de la vida,
el pálpito que espera no morir;
los más viejos recuerdos... y en tu herida
la sangre que amanece ya sin ti.

La cósmica negrura, el más negro recelo,
y el llanto más vertido en la impotencia.
Me acerco al infinito, y soy su anhelo,
y al tiempo sobrepaso mis esencias.

Yo soy la lealtad del universo
-no muevo ni la mente ni el silencio-,
yo soy la pura calma y no comprendo
qué fuerzas en mi luchan, qué les debo.

No quiero oír la despedida,
es más solo el desprecio;
no quiero el beso vano de esta espera.
¿Me muero en cada vida?
No sé, y no me alegro
de arrostrar las viejas penas.

Si lloro las ausencias no es por miedo;
si busco las sonrisas,
si rozo las mentiras
¿no es tiempo lo que bebo?
Ya sé que son más falsas cada día.
Ya sé que en un segundo me hacen viejo.

XVIII

Sientes un silencio que te abrasa
porque es fuego,
que te calma porque es agua;
que se aleja y que riendo tus secretos,

    tus afanes y agonías,
entre olvidos y deseos,
entre antiguas melodías
te confunde con sus juegos.

    Sientes soledad de ser mentira,
de la ausencia de los cielos;
del vacío que rodea las llanuras de los sueños,
de las horas vagabundas, de los días
que son polvo entre desprecios.

    Miras las lejanas despedidas, los acasos,
el recuerdo de cadenas que han cedido
sacudiendo el polvo amargo del fracaso,
que salpica como lluvia tus sentidos.

    Oyes los quejidos del mañana ¡son tan fríos!
las canciones que caducas te han vestido;
el monótono y seguro, desvaído,
retumbar en tus oídos del zumbido

    de la muerte de la aurora rencorosa;
de la carne, carne abierta y extraviada;
de humillada poesía que a la fosa
va gritando que no quiere ser callada.

XIX

    El silencio es mi sustento
y me mantiene con vida,
y es el mar del que sediento
voy bebiendo mi agonía.

    Es la fuerza de mi llanto, la negrura de mi noche;
es el aire que me roza y me susurra;
el sonido tan amargo de mis más antiguas voces,
el suspiro de mis ansias y mis dudas.

    Es la vida de mis ojos, mis temores;
el mañana que ondulado cae sin prisas;
aguacero de mentiras e ilusiones,
despedida del amor y sus cenizas.

    Es el cosmos de mis sueños, es un loco peregrino;
mi futuro y mi pasado,
y mis pasos vacilantes que recorren el camino
de los dioses olvidados.

    Y tiembla -como mi alma- melancolía,
siente escalofrío que es un mundo
que acorrala y que persigue, una orgía
de sollozos y de risas...
un enorme claroscuro.

    Mi mesías y mi sangre, viejas formas
que me adulan, mis sonidos;
mis zapatos y su horma
...la verdad que me ha engañado con un guiño.

XX

    Cayó el silencio entre tú y yo, tan ondulado,
y fue un suspiro de amargura y de dolor,
aventura de triunfos y locura de fracasos
y el regazo del olvido y decepción.

    Se fue riendo por dejarnos tan lejanos
y fue más duro soportar tus agonías,
estar regando tus sollozos con mis manos
y no plantar las nuevas vidas y alegrías.

    Ya maduraron los trigales despechados
buscando vientos que dijeran bien tu nombre,
y solo fueron los sonidos sin espacio
que del rocío se murieron, o se esconden.

    Y entre la ausencia que rodea todo el aire
aún flota un día que creyó ser todo eterno,
que ayer volando hoy se posó por entregarme
historias mudas y emociones en silencio.

    Y tus recuerdos recorrieron mil pasados,
mil ilusiones que crecieron sin un cielo,
y que mil soles sin piedad fueron quemando
por ser tan vivos, tan alegres en sus vuelos.

    Ya se perdieron las sonrisas, los mensajes;
y se quebraron al contacto de las dudas,
de las mentiras, de las burlas...¡y quién sabe!
Y sus reflejos no volvieron, ni su ayuda.

XXI

Voy a buscar los silencios más viejos,
los aires más lejanos.
Voy a estremecer mil anhelos de universo,
mil gemidos olvidados.

Volveré a llorar mis soledades,
mis delirios entre risas fascinadas;
mis ausencias tan queridas, que me saben
tan menudo, tan perdido entre la nada.

Voy a buscar la sonrisa del silencio,
el gesto de la verdad que me ha ignorado,
la caricia y la mirada que en el tiempo
aún hoy gravitan, y se esconden de mis halos.

Voy a resucitar con mi mirada aquellos ecos
que alejaron mis caricias inocentes;
voy a vivir, y a mezclarme con mis sueños.
Pues son ellos mis amigos y mis jueces.

Voy a lanzar al universo mis suspiros,
mis frases más rotas, mis días más negros,
mis mentiras que me acosan con sus ruidos.
Y entre polvo de amargura encontraré sus desprecios.

XXII

    Aguardo al alba pura
mezclado entre delirios de amapolas,
y entre arrullos de noche clara
espero en silencio;
    y voy entre mis dudas consumiendo los recelos
y sus fuegos; rescato entre las horas
aquellas que no mueren del tiempo contagiadas.

    No quiero las disculpas,
no quiero los perdones de la noche y sus luceros;
los sueños de vana fantasía no los quiero.

    Espero las miradas de la luna
que van hoy fabricando un tiempo nuevo,
espacio de verdad tras las mentiras.
Y nadie me contesta si pregunto;
y no hay una mirada empapada de universo,
de frescura,
de vida entre silencios emigrantes,
de azules que se esconden del insulto,
que odie las ausencias y escupa los desprecios.

    Hoy nadie me amanece tras la bruma
y faltan melodías, y faltan emociones.
Y faltan los olvidos que no pueden quejarse.
Y faltan los suspiros de los dioses.

XXIII

    Ahora se levantan los pálidos claveles,
ahora se sonríen los silencios;
se acercan con cautela y atrapan en sus redes
las lágrimas furtivas y los miedos.

    No solo es la nostalgia triste reja,
no solo son las sombras un recuerdo,
un aire de pasado y de cadenas,
un campo de vacíos en el tiempo.

    Hoy vuelan los gemidos tras la ausencia
y se oyen los lamentos de cordura
¿Quién sabe la verdad? ¿y su apariencia?
…secreto es el sendero de la luna.

    Y el mágico fulgor de las mentiras
es aire de ilusiones tras tus muros:
tus más viejas barreras se te olvidan
y hoy buscas sin saberlo claroscuros.

    Mañana es solo un nombre que no sueña,
que pierde entre la bruma su sentido:
te acercas a las cosas y casi a las esencias...
Huyendo de tus miedos te has perdido.

    ¿No sabes quién es Dios de los Silencios?
¿quién causa tus heridas, tan atroces?
Resuenan los augurios de los muertos
y el aire lleva el eco de tus voces.

XXIV

A veces se te acerca una ilusión marchita,
marchita por que vive sin sentido,
y un aire y un silencio se te abrazan.
A veces te rodean mil ensueños que dormitan
en tus días tantas veces recorridos,
que saben que al nacer ya no son nada.

A veces sientes quedo el roce del secreto,
el roce de un suspiro, su tierno escalofrío;
a veces lloras solo, te escondes de tus versos,
y partes tras tu estela plateada;
y escapas de tu angustia y tu zozobra, de tus ruidos,
y emprendes odiseas olvidadas.

A veces descubres el trémulo gesto en su rostro
y vibran tras tus ojos sus canciones,
y tímidamente nace una sonrisa inexperta.
Y a veces un silencio sobresalta tus enojos,
se posa en tu mejilla y sus pasiones
naufragan en las lágrimas azules y serenas.

Otras veces sueñas verdes prados de mil soles
y recorres -sobrevuelas- todo el mundo:
las miserias y los gozos, los dolores;
la locura y el ayuno, tan huesudos;
la opulencia de los pobres corazones
y lo estéril de sus muertes y sus lutos.

¡Y qué poco necesitas! Un aire de universo,
una gris melancolía, unos recuerdos;
un amor entristecido para retenerlo
y una espera larga para comprenderlos.

XXV

    Hoy partes de tus cuencas sin sentido,
te esperan otra vida y otro tiempo;
no quieres ya tus aires complacidos
y vuelas al encuentro del silencio.

    Ya sufres frías horas lentamente
y vagas entre polvo seco y agrio:
los nuevos sentimientos se arrepienten
y gimen recordando sus calvarios.

    Olvidas las ausencias y nadas en vacíos;
afloras a la falta de las cosas, de cimientos,
y pierdes entre notas que llenan tus oídos
noción de lo sincero: sentido y sentimiento.

    No luchan ya ilusiones ni gritan los quejidos,
no bullen las caricias
ni empañan entre cánticos sombríos
aquellas esperanzas sin sentidos,
aquellos corazones envueltos en sonrisas
y cálidos gemidos.
Se te han difuminado y en nada devenido
y solo las ausencias te acompañan.
¿Existes sin el tiempo? ¿Y el tiempo sin tus ruidos?
...Y no puedes llorar, pues ya no quedan lágrimas.

XXVI

　Mas allá de la vida, más allá del silencio.
Mas allá de los días que he pasado buscando;
más allá de los aires que hasta ayer me guardaron,
más allá de la muerte y más lejos que el tiempo.

　Con más frío que el miedo,
con más miedo que ir viendo cómo pasan los años;
y más gris que el desierto
en que viven los cuerpos y se mueren las manos.

　Más ausente que el Cielo,
más lejano que brillos y que roces lejanos;
más pausado y más quedo
y más leve que el viento al que inquiero aunque en vano.

　Y más dios que Universo,
y más tenue que el breve chispazo y su luz;
y más falso, y más negro,
y peor que el Engaño, que su juego y su cruz.

　Más letal que el Fracaso
y más ciego siguiendo las huellas de la eterna Mentira,
más cruel que los tajos
que me siguen naciendo tras las lágrimas vivas.

　Más sangrante y cerrado que las puertas de Vida,
y más frío y terrible que el desnudo Secreto.
Más ridículo y burdo que ironía y sonrisa,
más ausente y más viejo, y más sucio y más necio.

XXVII

Quiero rescatar mil universos
y partir hacia el silencio que me acoge,
y sentir la brisa fresca en mis adentros
del recuerdo que me adula, de su roce.

Quiero beber vida y fuerza eterna
y en la cósmica negrura sumergirme,
deshacer ahora el hechizo que me enferma
y volar hacia otros tiempos, sus confines.

Quiero cabalgar sobre la aurora,
resurgir entre horizontes poderosos,
abrazar mundos enteros que se posan
y me cubren de un rocío tan hermoso...

Quiero mil ternuras diluidas en mi sangre
y sentir escalofrío enamorado,
ilusiones tras mis huellas, y canciones que me saben
a caricia temblorosa del pasado.

Quiero tanto fuego como albergo,
tanta luna como nace de mis sueños,
tanta estela plateada, tantos ecos
como viven de mis aires imperfectos.

Quiero entre mis versos mil sentidos,
encontrar entre mis lágrimas amores,
las ausencias que olvidaron el cariño,
el futuro que perdí entre las pasiones.

Quiero diluirme en pura esencia,
encerrar en mi infinito sus colores olvidados,
y reír en carcajada por las luces que me tientan
con deseos tan sinceros, el viaje tan colmado.

XXVIII

No sé si mañana tendré mis estrellas
ni si harto de vida huiré al universo envuelto en suspiros,
ni sé si un olvido en muda caricia reirá mis querellas
… más sé que el silencio rodea hoy mis días, y prueba su filo.

Si busco un futuro no es para llenarlo de cantos y glorias,
no es para vestirle de rancio recuerdo y locos anhelos,
no es para inundarle de sueños perdidos que solo son sueños
…quizá lo que busco solo es la ternura de pálidas rosas.

Si lloro despacio y a solas apago las luces del cosmos,
si río lo absurdo de mil sentimientos que vagan sin vida
no es para enterrarme sin una esperanza que seque mis ojos,
mas no sé si amo las viejas ausencias, las viejas mentiras.

Y quiero entre duendes tener fantasía de inquieta mirada,
el mágico ensueño de amores envueltos en mar de emociones.
Penumbras amargas, ocasos de fuerzas perdidas y ajadas
… y tras los silencios nacer nuevos aires y nuevas canciones.

XXIX

No quiero entre el aire ausente
que venga el sueño y me lleve,
que me rehúyan las horas
y se me escape su duende.

¡Qué oscuras son las estrellas,
que negra su vieja copla!

No quiero que entre rocíos
me hieran viejos recuerdos,
que entre silencios me alcancen
olvidos estremecidos.

No quiero más despedidas,
más roces de mil engaños;
no quiero que entre mentiras
me brote el sentir amargo.

¡Qué oscuras son las estrellas,
que negra su vieja copla!
Que entre sus aires me lleven
pues mis amores me roban.

No quiero que entre sonrisas
despierte irónico sueño,
que me abandone la vida
y que me engulla el silencio.
Hoy quiero ser un suspiro,
la luna, la luna llena...

¡Qué solos siento mis ruidos,
qué oscuras son mis estrellas!

XXX

Hoy he bajado al silencio
y en voz muy baja me ha dicho
que quiere hablar con el tiempo,
pero que nunca le ha visto

Me ha dicho que tiene miedo
y envidia de los sonidos;
que no quiere más secretos,
que no quiere más olvidos.

Que quiere ser como un vuelo,
que quiere ser como un trino,
como una rama de olivo.

Que nadie escucha sus ruegos,
que sufre porque está vivo
y no se atreve a decirlo.

XXXI

Va bajando el Silencio desde el Orbe tremendo
y entre pajes y heraldos a la tierra ha llegado con un negro mensaje;
un ausente recuerdo se despierta despacio del tiempo
y por todos los huecos y por todas las mentes desde el miedo se esparce.

¡Han sonado clarines, desgarrando la nada con sus agrios lamentos,
con sus notas vacías, con sus ecos torcidos y sus almas sin dueño!
Y han llenado un instante la cadencia olvidada con su mágico estruendo
para al viento robarle su sentido y su vida, su tedioso concierto.

Han caído palabras que hasta ahora volaron completando los cielos,
y han perdido el sentido las miradas viajeras;
y descienden al suelo las gastadas canciones y sus viejos recuerdos.
Se deshacen en polvo las doradas quimeras.

Han perdido delicados destellos los queridos amores
y su piel exquisita va filtrando las luces que por ellos vivían,
y se pierde en la bruma que ha ocultado a mil soles
temblorosa caricia, que nació de la noche a más negro aún el día.

Y se seca una lágrima, contagiada al momento de la inhóspita atmósfera,
una lágrima viva de emoción y pureza
que agoniza despacio sucumbiendo al empuje del vacío que acosa...
Ya se han muerto sus brillos y ha perdido su fuerza.

Y al ocaso del día acompañan esclavos unos mudos secretos,
unas almas lejanas que se pierden despacio y exhalando suspiros,
que entre vanas victorias van sintiendo el rechazo de la muerte y su beso
y que aún ven la sonrisa que ironía dibuja en su rostro marchito.

Y de nuevas ausencias va naciendo el murmullo que solloza
 clemencia
aunque no haya sentidos errantes que contemplen al mundo,
desolado recuerdo que envidiando al pasado su presente contempla
mientras nace un sollozo que empapado en silencio solo dura un
 segundo.

XXXII

    Recurro a sueños locos y a ilusiones
rondando sus sonidos familiares:
reflejos de miseria en mis pasiones
y un soplo del divino en mis afanes.

    Ya sé que no es el tiempo mi aliado,
ya sé que es mi enemigo y me aprisiona,
y sé que de sus manos y mi boca
renacen renovados mis fracasos.

    ¡Qué vientos me arrinconan, qué suspiros;
qué nuevas y gloriosas melodías!
¡Qué cósmica patraña hace su nido
en el rincón contrito de mis aciagos días!

    Inhalo entre detritus y mentiras
mis ansias de lo eterno y lo infinito;
succiono el pus hediondo de mi herida
e ingiero sus secretos fementidos

    No sé si me dirijo a mis confines
ni sé si me deshago en mis vacíos,
ni sé si pesadillas y sombríos
hados negros me derriten.

        ¡Oh Dios que no conozco! Alma mía:
¡retira tus afanes de sus brillos!

XXXIII

Si busco los sonidos de la noche
no es solo por su ausencia y su agonía,
no es solo el gris reflejo de sus voces
el torvo compañero que me espía.

Me guían los suspiros de la nada
que sueña con la luz y la quimera...
y exhalan sus mentiras en mi cara:
calientes, repugnantes, traicioneras.

Rebusco en mis afanes un mañana
y el halo del pasado vigila mis paseos;
mientras escondo las caricias que se acaban
un eco de vacíos sale a mi encuentro.

Hoy quiero los silencios y sollozos,
las lágrimas y penas, las pasiones;
hoy quiero ser eterno como el ojo
que ve la Gran Mentira de los dioses.

XXXIV

Abarco ante mi vista azul de primavera,
destellos de ilusiones no marchitas,
y vivo de los aires, y sueño sus quimeras...
mañana es la gran duda de mi vida.

Recorro los rincones del pasado
y ya no sé si siento sus sonidos.
¡Qué raros se me hacen sus halagos,
qué extraño soy yo fuera de sus ruidos!

No sé si ya he empezado
mas tengo la certeza y el vacío de ver que me disipo.
Si lloro no descubro.
Si rio no me agrado.
¡No sé qué es lo que pasa entre mis días! Sus hijos
son los hijos de un estupro.

Navego mis pesares, sorteo mis tristezas,
y al cabo no me muevo de mi origen;
recojo los mensajes perdidos en botellas
que dicen mis secretos y mil secretos dicen.

Deshago los quejidos que me nacen
y oculto de mis penas sus reflejos
(las almas de los hombres, no lo saben,
son solo los pedazos de un espejo).

¡Y avivo mis sentidos, perdidos entre ausencias!
Y adoro los silencios tan serenos.
No sé si quiero ver
las luces que me tientan,
no sé si resucito en los luceros.

Un polvo de universo, de infinito, siempre espía
mis risas y alegrías, mis sollozos,
mis ansias y pobrezas;
y riega mis pasiones con un soplo de amor y simpatía,
inunda mis mil muertes y sus pozos
...promete devolverme a la pureza.

COMO SABE EL VIENTO

Y si aún no soy perfecto, si no soy infinito,
es solo el llanto amargo que a veces me derrite
¡Oh Dios de vida eterna! ¿me espera aún el cosmos?
(Os quiero más que a mí, más que a mis ritos,
os amo hasta morir sin renacer... mas decidme:
el fuego que preciso y que me quema ¿sois vosotros?).

XXXV

Nunca antes fueron tus ojos tan sinceros
y antes nunca se me hicieron tan queridos,
porque antes nunca supe tus anhelos y silencios
y tus cantos apagados y tus gritos doloridos.

En el vientre de tu padre hoy ya llevas veinte años
y tus sueños siguen siendo incomprendidos;
llevas dentro mil sollozos, llevas dentro desengaños,
y tus lágrimas alumbran mis caminos.

Tus recuerdos son la luna de mis noches
y entre estrellas de sonrisas hoy te sigo;
yo ya sé que me merezco tus reproches
pero tu aire y tu alegría van conmigo.

Sé que lloras mis fracasos, mis ausencias,
soy el hijo de tus horas tan sentidas;
sé que nazco a cada instantes en tus esencias,
que vigilas mis viajes tras mil brillos escondida.

Sé que bordas con tus lágrimas mis días,
que me arrojas a esta vida y a este hastío
(tu mirada tan sincera entre mis cosas);
cuando faltas se me mueren alegrías,
me deshago entre ilusiones: tú conmigo
(busco indicios porque quiero que respondas).

Sé que encuentras simpatías en mis ruidos,
que calientas con tus horas mis silencios,
que mis viejas ilusiones y mis sueños consentidos
entrelazas con tus glorias en un cielo.

Sé que forjas ilusiones para llenar mis vacíos
y universos de emociones me reservas,
que contemplas mis temblores (son tus hijos)
y que cantas mi insolencia a las estrellas.

Hoy te busco con más fuerza que al presente
que se anuda a tus latidos y suspiros,
hoy entierro en mis rincones tu simiente
y la riego con sonrisas, y la abono con olvidos.

COMO SABE EL VIENTO

    Hoy relleno con tus pausas mis lagunas
y en mi ser voy componiendo tus murmullos:
sinfonías sin comienzo entre tus brumas,
ironías que me acechan tras futuros.
    Soy tan solo el calambur de tus destinos,
infinitas ilusiones entre cinismos dormidos;
tus tropos entre mis pausas, tus quejidos
que se aferran a mis risas: silogismos del divino.
    Soy prolijo en tus sentidos: fantasías adivinas,
y un ingenuo que entre dioses y de polvo te modela,
de pasados y mentiras, nacimientos y agonías;
soy extracto que te adula escondido en tus esferas.
    Y en tu música de cosmos soy silencio
(a tus ojos me remito cuando ciego me desairas),
me rebusco entre tus cosas
me rebusco y no me encuentro:
si te llamo dios me niegas y me espantas,
si te ignoro y no te hablo tú me acosas,
y te sueño y no comprendo;
no te toco y sí te quiero,
no te vivo y soy el hijo de tus chanzas.
No te alcanzo y tú me esperas, y si afloras
        a mis aires me recubres sin vergüenza con tus velos.

XXXVI

Quiero el polvo cósmico en mis manos,
quiero los secretos de la vida;
quiero las sonrisas, las miserias y los llantos.
Y quiero mil sangrantes agonías.

Quiero los suspiros del presente escurridizo
y quiero ser azul como mi cielo.
Adoro mis recuerdos perdidos entre gritos
y esparzo su grandeza en mis anhelos.

Respiro los suspiros que exhalan los idiotas
porque ellos alimentan mis mentiras,
mas sé que entre el engaño, entre sus rosas,
un torvo ser divino siempre espía.

Afilo mis sentidos por ver que todo muere
y huelo la agonía de los tiempos;
mas algo me detiene, hay algo que me puede
(es algo que me llama 'su alimento').

Me nutro de tristezas, de penas, de sollozos,
y son mil decepciones mi sustento;
el tiempo no lo miden los relojes y si los trozos
que mi ser a cada instante va perdiendo.

Recojo los anhelos que alientan en mi olvido
y en el altar irónico de mis creencias los deposito:
el trono de mi dios está siempre vacío
(quizá por no avivar sus dilogías un castigo).

Habito en el desnudo que ajena me permite
la sed de ser eterno y cósmico infinito;
mas no soy un ejemplo pues no llevo remite:
tan solo la locura me ha firmado por ver si conseguía un simbolismo.

XXXVII

    Quiero penetrar en tus sentidos, tu simiente,
vida eterna que prepara mis confines;
y guardar tus alegrías y secretos, tus ausentes
ilusiones esconder.

    Quiero recoger de tus sollozos infantiles
las ausencias que me anudan a mi ser;
quiero ser el aire que respiras y me enciende.
Quiero ser...

    Filtro en mis silencios tus sentidos, tus mensajes,
y tus guiños deposito en mi camino;
y tus gestos hago míos, tus sonrisas que me saben
a misterio.

    Rondo los lugares en que noto tu presencia
y me empapo siempre alegre en tus sonidos;
sueño con miradas en tus sonrisas envueltas,
y te sueño.

    Vivo de fragancias que rastreo tras de ti
y alimento mis suspiros con recuerdos;
quiero que me alcancen estas ansias de vivir
entre tu fuego.

    Magia de tu esencia, hielo de tu herida,
luz del universo conmovido.
Quiero la verdad enamorada, dolorida;
quiero que me intuyas escondido.
¡Quiero!

JOSÉ RAMÓN CANO

Venid a mí

COMO SABE EL VIENTO

I

No me mueven las moradas del silencio
ni el recuerdo y el arrullo de sus días,
aunque siento que me alejo,
aunque siento que me pierdo entre su tiempo.
Ni me mueven sus miradas tan cargadas de ironía,
ni me mueven tan siquiera sus desprecios.

No rebusco entre sus horas mis fracasos
ni me visten sus mentiras,
ni me asean sus ausencias y agonías.
Pero sigo su halo negro y tras sus pasos
desfallecen mis manías
y se bañan en el eco de lejanas melodías.

Y no arguyo entre torpezas mis sentidos
y no escarbo con el alma en sus gemidos,
aunque sé que me deshago sin remedio;
y no mezclo con sonrisas los olvidos,
aunque a lágrimas furtivas pongo precio
para luego sumergirme en sus descuidos.

Y no vivo entre locuras y universos
aunque busque entre mil lunas aliados,
aunque surjan dudas negras de los besos.
Pero sé que entre gruñidos y entre brumas
nacen tiempos que serán enamorados
(entre el llanto y la nostalgia de la duda).

Y si vuelo hacia el silencio, hacia la nada,
y si escapo de torturas y abrasiones
no es que quiera diluirme entre recuerdos,
no es que quiera deshacerme del mañana.
Solo quiero las caricias, solo quiero las pasiones
de las cosas que son siempre sin comienzo.

II

La luna ha vestido de plata los campos,
murmuran los chopos secretos sin nombre...
Mas siento profundo dolor y desgarro.
No sé lo que tengo... ¡Dios mío, responde!

Mis labios se mueren, se van apagando
¡pasó tanto tiempo sin nada en su lecho!
No tengo ya vida, y sé que si sangro
es solo el recuerdo de tiempos ya viejos.

Mis ojos se duermen cansados y ausentes
y tengo mil miedos (quizá no despierten...)
Mis manos marchitas, delgadas, sin duende,
ya no me recuerdan que vivo, ni quieren.

La luz de mi alma -destello infinito-
se apaga en silencio por un desengaño:
amor de esta tierra terminas marchito,
tus lágrimas hieren profundo y sin daño.

¡Oh Dios, Universo! Estoy tan perdido...
me niegas ayuda que no me merezco.
Si solo hay silencio, mentiras, espejos
¿por qué me haces falta...? Me muero en tu olvido.

III

    Esas estrellas que te espían en silencio
hoy son las hijas de sonrisas olvidadas,
son los olvidos que escuchaste ya hace tiempo
que te devuelven ilusiones, y sus lágrimas.

    Son los recuerdos de unos tiempos que aún ignoras,
son la ternura que te abraza entristecida
y la caricia de tus vicios y las manías de tus cosas;
y son las ansias que te nacen, sus espinas.

    Y su vacío es más vacío porque no lo reconoces,
porque reniegas del afán de ser eterno,
porque alucinas maravillas al contacto de su roce
y luego ajeno te disipas en tus vuelos.

    Son tus arcanos más remotos en tu sangre reencarnados,
beso enfermo de mil años mortecinos;
son colgajos de vil carne que en tu ser se han enquistado.
Son la sed insaciable de estar vivo.

    Pero son también serenas emociones,
los sonidos de una esencia que te aguarda,
sentimientos que perduran en los odres
que derraman esperanzas en tu alma.

    ¡Son azules, vivos, nuevos, trovadores!
Son la magia que consume tu vigilia.
Son alegres, son inquietos; son colores
que se filtran sin rubores por tus días.

    Son espera larga y dulce, y aún nerviosa;
son espías que vigilan mil miradas,
que descubren ese amor que ya se posa
entregando casi mudas dos palabras.

IV

    Es este el sueño que me invade cada noche.
Y no es un sueño: es el aire que respiro.
Los mil fantasmas que me acechan y sus voces,
el agua infecta que alimenta mis sentidos.

    Esta es la mierda que mi alma exhala brusca,
el asco eterno de vivir en este hastío.
No son mi mundo esta cloaca ni esta chusma
¡Oh Dios eterno: acude pronto a remediar mi frío!

    Tengo la sed de Universo, pues sé verdades y mentiras:
no hay nada cierto en este engaño que me mata;
nadie comprende mis sollozos, y tras de lágrimas espías
busco el afán que me sostenga. Y busco un alma.

    La fuerza viva de mil cosmos quiero en mi entraña
(el llanto cruel ya le conozco y me acompaña).
Esto no es mío, y yo no soy de este lugar: todo me falta.
¡Ay Dios sereno de Universo: dame la fuerza que me mata!

V

    Siempre hay un Dios que te espera
tras el silencio dormido,
y que sueña la quimera de tus ojos.
    Siempre hay ausencias y penas
que se esconden de tus ruidos.
Siempre hay deseos ocultos y temerosos.
    Tienes los resplandores serenos de una ilusión
y el sentir la maravilla de la vida.
Tienes aire de universo.
    Te mueves hoy tan ligero... Tu canción
es mi silencio; soy la envidia que
que te abraza en los lamentos.

VI

    Quiero que te acerques, que me des la mano,
quiero que sonrías al ver cuerpos rotos en sangre bañados.
Quiero carcajadas cuando tú descubras que tu cuerpo ha muerto;
que le mires fija, y le piropees, y le escupas luego.

    Piénsalo con calma, quémate en tu fuego;
sufre ahora en silencio la verdad desnuda que te reservaba:
hay pus en tu alma, hay silencios negros
y lagunas hondas que eres incapaz de llenar con nada.

    Deja que tus dudas se revuelquen entre tus miserias
-los prejuicios mueren cuando muere el tiempo-,
ahora solo vives entre honda negrura y negro silencio;
la melancolía agoniza enferma y ya no eres ella.

    Sufre las ausencias que te rodearon cuando aún soñabas
y asalta la fría soledad viajera de tu alma errante;
aquí ya no hay duendes, aquí ya no hay magia
...solo huele a muerte, a interior podrido y a verdad infame.

    Estos son tus días que ahora ves pasar deshechos de envidia;
ya no tienes nada, ni siquiera orgías de terror y sangre.
Solo eres silencio, solo eres ausencia; no eres ni siquiera
soledad amarga para que reflejes en tu vil semblante.

    No eres ni recuerdos, pues todos murieron: los mató tu ira;
y en tu alma enferma ya las ilusiones son seres extraños.
Ya no tiene ojos, ya no tienes manos, ya no tienes vida
¿acaso eres eterna ahora que recubres como un polvo rancio tu viejo
        pasado?

    Y las sombras nacen de entre tus rincones,
nacen mil malignos para corroerte entre mil entrañas;
sufre sus dolores, sufre sus acosos y sus negras ansias
¡Grita al universo! ¡Puede que haya un Dios, y quizá te oye!

    Y en la risa eterna de los mil destinos vives encerrada,
y el placer lejano de sentir nostalgias ahora te estrangula.
Nunca fuiste nada, solamente sangre que tras ti pujaba
por salir de ti, y desparramarse y volverse espuma.

    Hoy que ahora es siempre nieblas te rodean
y deshacen luces, y disuelven sueños que ya no son nada;
te diluyen lentas, y pierdes conciencia porque ya no existes.
Ya no queda vida y está la esperanza enterrada y muerta.

    Un millón de cosmos sangran y coagulan su asquerosa esencia,
te rodean ascos y vomitas mierda esponjosa y rancia.
Ahora todo es tuyo: tuyo es tu destino y tus muertes grises
...Ahora eres eterna... Dime ¿qué se siente al nacer tan libre?

VII

    Esta es la historia triste de un fracaso,
el canto dolorido de una muerte verdadera;
suspiro de silencio prendido en su rechazo
y el grito que taladra mis horas duraderas.
    Es este el llanto ausente de Dios enamorado,
la ausencia de un amor que creyó eterno,
el Cielo que desangra sus olvidos.
    Lejana melodía que atraviesa mi pasado,
que hiere mis sentidos y cimientos,
que mata la alegría de estar vivo.

VIII

De tu boca la miel se me hace agria
cada vez que busco afanes tras mis sueños.
Yo le llamo indiferencia.
Y el color de tus silencios se me escapa:
cada vez dicen más cosas y les siento más adentro.
Cada vez estoy más lejos de tu esencia.
    Siento tus vacíos como heridas que me cruzan parte a parte;
rugen dioses en mi entraña que desangra ilusiones tan ingenuas.
Palpo ausencias en mi vida
tan reales como el mundo que me olvida tras usarme.
Pierdo ganas de volar... No pasa nada.
¡Te amo tanto que renuncio a ser eterno en tus estrellas!
(hoy tú ya no lo deseas).

IX

    Tras de tus ojos ilumino mis sentidos, libre al fin,
y de mentiras me rescato y me redimo;
busco tus sueños,
alcanzo cielos que respiran tras de ti:
soy el heraldo de tus brillos,
soy tus reflejos.

    Busco la luz que mandan dioses a mi vida
y aparto ausencias que me abrazan con histeria;
medro en tu esencia.
Te estoy guardando un infinito y maravillas
y te construyo glorias nuevas y risueñas
en ilusión envueltas.

    Guardo miradas y sonrisas que has perdido, que te cayeron,
y las encierro en mi interior y sentimiento,
en pura esencia;
pero me apenan sus encierros y de entre lágrimas las suelto,
pues me imagino su tristeza y sus lamentos
entre mis rejas.

    Y me contemplo en tus espejos, y en tus aires:
el negro brillo de tus ojos me apasiona,
y tus reflejos.
Y te respiro entre mil cosas cada instante,
y tus sonrisas repentinas me desbordan,
y tus secretos.

    Soy el silencio que revive el amor de las estrellas
y soy su alma y me transmito al universo,
pues soy la gloria de la vida;
sonrío al viento que me azota entre tus huellas
mas me desangro por la herida del tormento
(quiero vivir en tus sonrisas).

    Desprecio al tiempo que me aguarda y que me burla;
sigo la estela que ha dejado tu mirada
y no me importan soledades.

COMO SABE EL VIENTO

Acecho instantes que me esperan y me embrujan:
no quiero ser solo un recuerdo entre tus alas,
náufrago muerto por tus mares.

X

En estas lágrimas anidan tus suspiros
y la sonrisa de un pasado que no existe;
en mis silencios se dibujan tus sonidos,
y por mis aires sobrevuelas

... mas no te arrimas ya a mis sueños,
y no compartes tu ilusión entre mis grises.
Porque al fin ya no me esperas.
Cierro los ojos... y con ternura y en silencio te recuerdo.

XI

No quiero las sonrisas de una luna que no es mía
ni quiero los silencios piadosos que me alumbran,
no quiero su consuelo y su mentira.
Ni quiero que en mis horas se dibujen melodías
melancólicas, escondidas tras los grises y penumbras
que pueblan recelosos hoy mis días.

No quiero las serenas ilusiones que murieron
olvidadas tras un NO negro y rotundo,
no quiero sus pasiones.
Ni quiero los dolores que me hirieron,
ni quiero los regalos confusos entre humos
de pobres desamores.

Hoy quiero ser tus ojos, tus sentidos,
la estrella de tus noches e ilusiones;
tus días, tus motivos.
Hoy quiero ser tu alma y tus sonidos,
y quiero ser tu sangre y tus rincones
… y soy solo silencio entre tus ruidos.

XII

    Porque estoy fabricando un mundo nuevo
quiero ahora robarle al Cosmos vida,
el halo de ilusiones que se esconde tras sus sueños
y la ilusión que tras él vive escondida.

    Porque estoy morando entre luces vivas
y de las estrellas ahora me alimento y siempre me consumo.
Porque quiero ser todos los secretos, viejas agonías,
que respiran ansia y en su esencia encierran vanidad y humo.

    Porque me estremezco al sentir que duermen estas fantasías
y quiero abrazarlas sin pensar dos veces quienes son de veras,
y porque se ríen cada vez que corren hasta ellas mis lágrimas
quiero esencia añorante y loca cada nuevo día,
quiero ser los aires que rodean sueños y aprisionan penas,
quiero ser el alma de las cosas santas y de sus espinas.

    Porque estoy creando en la vieja luna el nuevo sentido
y derramo esperas y melancolías entre los murmullos
hoy escondo sangre de la vieja herida de lo que he vivido,
deposito anhelos de verdad serena sobre viejos mundos.

    Hoy creo en la fuerza que me da el deseo de ser dios eterno,
de mecerme ajeno pero controlando por el universo;
hoy soy solo el fruto del antiguo verso cuyo son reclamo.
Porque quiero hacer un nuevo quejido entre los lamentos,
porque soy potencia pero entre detritos siempre me retuerzo.
Porque sigo vivo, aunque tras el tiempo noto que me acabo.

    Y ahora este silencio que es guardián y amigo;
este cuerpo roto que a veces me ayuda a ser más amargo
y más necio y bruto, y más renegrido
… Y ese anhelo puro que ya no me asalta pero está a mi lado.

[¡Quiero ser eterno, quiero ser la vida!
Ya no me doy cuenta de que muero enfermo de tanto quejarme.
Todo es tan absurdo, todo es tan lejano…
Quiero serlo todo, quiero mi agonía,
quiero tu sonrisa prendida en mi alma, disuelta en mi sangre.

¡Quiero que me ames!
Quiero que te acerques hoy a mis silencios y me des la mano].

XIII

Tengo el aire enamorado de tu nombre,
la promesa de tus ojos de infinito...
y el ensueño de tu canto me rodea.
Prendo anhelos en silencio y siempre donde
intuyo tus sonidos; y hoy persigo
fascinado por tu magia la quimera.

Lloro lágrimas azules y rastreo sus estelas,
río el tiempo que me aleja de tu vida;
y mil locas ilusiones se me escapan.
El espasmo del fracaso me rodea
y el tormento de esta bestia malherida
que al besarme me zahiere y me maltrata.

¡Cuántos vértigos me invaden en silencio,
cuánto anhelo me ha quebrado la alegría!
Hoy presiento el rechazo en tus acentos,
el fermento del pasado y sus destellos:
me estremezco cuando sueño lo que pienso...
maravilla del amor, y después melancolía.

En mi sangre sobrevive tu recuerdo solitario,
polvo triste de silencio enamorado,
polvo huésped y custodio de mis pozos.
Y un amor tan infinito, tan sensible y fascinado...
resplandor de tu recuerdo y fulgor de mi sudario:
mis recuerdos se han mutado en calabozos.

XIV

Hoy me devoran las antiguas agonías
pues de ilusiones nacen sangre y gris tristeza,
y son el puente que me cruza y que me guía,
y son mi horror, y son mi llanto, y mi condena.

XV

    Entre nostalgias las estrellas se han dormido
y sueñan vértigo de amor y mil promesas,
la maravilla del secreto enamorado, y su belleza.
...Y un polvo tenue de universo estremecido.

XVI

    Hoy los duendes del pasado están contigo
y componen la quimera de tus sueños,
en el guiño del silencio y en el aire de sus ruidos
tus canciones van subiendo al firmamento.

    En las lágrimas de plata has atrapado
los anhelos de un dios cósmico y lejano,
la ilusión que siempre hubo en los halagos,
la ternura: maravillas en tus manos.

    Hoy te aguardan los murmullos y caricias
y sonríen a tu paso los deseos doloridos
(la emoción con que te envuelven las estrellas).
Hoy te esperan ilusiones escondidas
y extasiadas lloran quedo tus ausencias
(nadie sabe del mañana y de sus hijos).

    Cuéntales tu sufrimiento, tu dolor y tu amargura,
la tristeza que corroe tus sentidos;
pide luna y sus estelas plateadas.
Los mensajes de mil dioses se te pierden tras mil brumas,
el amor y la tristeza, el infinito...
¡Qué cruel!

    Tú la sueñas y la llevas en el alma.

XVII

Cuando quiero yo esparcir mil sentimientos,
cuando quiero mil estrellas alcanzar;
cuando vuelo hacia otros soles y universos
y no hay nadie que me quiera acompañar...

Cuando sufro mil mentiras y mil fuegos,
cuando emprendo aquel viaje de la luna,
cuando busco un afán entre mis sueños
y no hay nadie que me espere entre su bruma...

Cuando afloro a mil pesadas agonías
y descubro entre sus versos mis pasiones,
cuando lloro las ausencias que me guían
por desiertos que jamás tuvieron nombre.

Cuando el aire no responde a mis sollozos,
cuando el viento no me habla de esperanzas,
cuando escucho tras mil voces para al poco
convencerme de que ya nadie me canta.

Cuando busco aquellos ojos y sonrisas,
cuando vago por el cosmos de la nada
sin pensar pero sintiendo que está viva
esta fuerza que me acosa y que me arrastra.

Cuando lágrimas de estrellas lloro a solas;
cuando busco entre miserias mis consuelos,
mis palabras mal escritas tras mil horas
de sufrir porque ya nadie me espera en mis adentros...

XVIII

    Hoy espero tras la mágica agonía
el estruendo tan callado de mil vidas más sinceras,
el silencio que brotando de mis días
va esparciéndose en el aire y le inunda de quimeras.

    Pero añoran mis suspiros su pasado,
pero esperan entre ausencias un rescoldo conocido,
unos sueños que entre luces y fracasos
disfrutaron esperanzas y lloraron sus olvidos.

    Hoy el viento ya no vuela como antes
y entre soplos melancólicos va diciendo mil mentiras;
y no quiere que ternura nos alcance,
y no quiere que cantemos aunque queden fantasías.

    Mas espero tras las sombras y sus guías,
y aún aguardo sin saber que el universo no es azul,
y me creo que sabrá por sus espías
de mis lánguidas ausencias, de mis ojos sin su luz.

XIX

    Escapo tras mil aires que me olvidan
y ahogo mis tristezas en sus vuelos,
persigo tras suspiros sus mentiras
y vuelvo a mi pasado, y vuelvo a mi silencio.

    Perforo el torbellino del fracaso
y enciendo el fuego frío de la ausencia,
recojo mis sentidos y me marcho
buscando nuevos días, nuevas quejas.

    Derramo la ilusión que me amanece
y esparzo por mis horas sus caricias;
sonrío tristemente: mis lágrimas no sienten
fatal que les alcancen otras prisas.

    Remuevo las tranquilas soledades
y extraigo como un cáliz los recuerdos:
rocíos y ternuras que me saben
a días arrugados que murieron.

    Reúno los pedazos del sollozo
que se abre en mis entrañas, que saluda
al tiempo que le espera,
pues sé que mis silencios tras sus ojos
destilan horas largas de amargura,
destilan y envenenan.

XX

Hoy quiero traspasar al Universo,
sentir las agonías de galaxias degolladas;
mojar en sangre fresca mis desvelos,
beber sus ilusiones torturadas.

Hoy quiero mis estrellas desterradas,
que sepan vientos tristes que me muero;
hoy quiero que los llantos de mil hadas
se posen aterrados en mis versos.

Hoy quiero que mi pluma llore ausencias,
y quiero que mi alma se rebele;
hoy quiero que mis horas -si lo intentan-
consigan ¡qué ventura! lo que quieren.

Hoy quiero que mil muertes me desgarren
y quiero que el silencio sea mío,
que mil fuerzas ocultas se derramen
sobre este pobre ser negro y sombrío.

Hoy quiero las miradas asesinas,
las tiernas y las graves, las obscenas;
y ver si sus congojas tan mezquinas
se crecen y comparan con mi pena.

Hoy quiero sentir gritos de agonía
que son aún más que absurdos, más que necios:
si ella no me sueña, si ella no me mira,
apenas son estiércol entre estiércol.

XXI

Me abruman los silencios que no entiendo
y mientras los días se me escapan;
me río de mis viejas agonías porque veo
que sus nostalgias siempre me engañan.

Lloro las soledades que me aprisionan, mas no las odio;
me empapa la derrota
porque siento que poco a poco se me escapa el tiempo,
cada palabra, hora tras hora.

Sufro las mentiras del cielo y de las estrellas
pues me hacen pensar cada segundo que soy eterno,
pero al cabo si me corto mana sangre, y con ella
se me escapan ilusiones y se fugan los recuerdos.

Estoy a ciegas en un mundo de luz
y siento que mil reflejos no me dejan vislumbrar;
la verdad nunca se toca, y en cada cruz
hay un cartel con una frase a medio terminar.

Sudo emociones que creo vivas
y destilo sensaciones nuevas, fantásticas esencias;
pero luego me pregunto: ¿si las miras
se derriten? Y por miedo las miradas nacen muertas.

Viajo por universos de oraciones
y exploro mis plegarias que se escapan entre angustias
¿De qué murieron los dioses?
Mi vuelo es tan cansado, y su tímida promesa tan injusta...

XXII

    Hoy quiero ser palabras y silencio
y quiero ser las noches y los días;
hoy quiero ser infiernos y ser cielos,
hoy quiero ser las penas y alegrías.

    Hoy quiero los gemidos del pasado
y recoger los sentimientos que me inundan,
soñar las melodías de mis pasos
y tras sus huellas encontrar mis lunas.

    Hoy quiero el universo entre mis manos
y lágrimas enfermas de infinito,
tristeza del olvido y del rechazo,
sonrisas de lo absurdo y lo marchito.

    Hoy quiero decepción de mil fracasos
y el aire de ilusiones y de alivios;
el sueño de mi vida en su regazo
y el viento de su canto entre mis ruidos.

    Hoy lloro penas viejas, casi amigas,
que siempre que me alcanzan me asesinan,
me roban la mirada y las sonrisas
y luego se me marchan siempre frías.

    Hoy sufro el abandono como entonces
y son aún más amargos mis sollozos.
¡Qué solo me has dejado con mis pobres
ilusiones ahogadas en sus pozos!

XXIII

    Fantásticos violines me acompañan
cuando sobrevuelo, amigo, mis silencios,
porque sus avisos y sus risas, sus palabras
rompen el hechizo en que me encuentro.

    Corro tras las brisas y alcanzo sus suspiros
mientras acaricio maravillas helicoidales,
universos geométricos entre cielos encogidos,
peonzas de la infancia de los tiempos siderales.

    Y voy navegando las mentiras digitales
¡muera el paraíso arquitectónico del axioma!
Demuestro que prendidos de los vientos y del aire
viajan mil pasiones y se mecen mil sodomas.

    Giro tras los hierros atómicos y centrífugos
y escapo sutilmente del número y su teoría;
devoro leyes, corolarios, y en los cubos
encuentro redondeces de alma furtiva.

    Abarco bajo mi vista el péndulo de la vida
y calculo direcciones de presente y de pasado.
Y va y viene el mensajero, y en sus idas y venidas
deja escritas mil mentiras en un lenguaje cifrado.

    Y libero mis sentidos que se van buscando al sol,
que traspasan imposibles y también relatividades.
Su fuerza son las palabras, su mensaje es el amor,
y tras ellos se derrumban las fórmulas numerales.

XXIV

Estoy prendiendo mil sentidos en tu nombre,
mil canciones que sonoras abandonan mis presidios;
mil caricias impregnadas de colores e ilusiones,
mil sentidos que me saben agridulces y queridos.

Y en mis poros voy libando fantasías que imagino,
carruseles y desfiles que soñando se modelan;
sensaciones que conozco por mis horas de delirio,
ansiedades que me juzgan y que luego me condenan.

Construyo cielos que no existen en mi mente
y vibro hasta infinito cuando lleno sus vacíos.
Edifico el universo con las fuerzas y simientes
de sencillas y anheladas historias que luego olvido.

Y recobro el ansia viva de sentirme permanente,
necesario a los quejidos que se pierden tras el tiempo,
a los sueños de tus ojos y a tus llantos inocentes,
a tus aires y a tu vida, tus caricias y silencios.

Y renace el sentimiento que nos ata con ahínco,
y reviven los sentidos que vencieron soledades.
Se contagian las miradas y se vuelven tiempo vivo
pues alumbran sensaciones que de amor tan solo saben.

Ya resurgen alas blancas que me prenden,
ya se aviva el fuego eterno y mis anhelos,
ya te siento y te presiento, ya te huelo;
ya traspaso mil mentiras para llegar a tus mieles.

XXV

    Estoy alumbrando anhelos con más dolor que a los hijos,
y luego se me deshacen entre los dedos dormidos;
estoy soñando imposibles, y quiero palpar los sentidos
que luego se me rebelan para marcharse del nido.

    Estoy teniendo silencios vestidos de blanco y negro
y estoy poniéndoles alas a las viejas ilusiones,
mientras cavo fosos hondos, mientras sudarios les tejo,
mientras escapo furtivo de mis más puras pasiones.

    Estoy atrapando en el aire ausencias vivas y azules
y de recuerdos dormidos extraigo savia de vida,
mientras engaño silencios que tristes se me descubren,
mientras desprecio ilusiones, mientras rehúyo sonrisas.

    Y tomo del universo las lágrimas del vacío,
el polvo de las estrellas, los mensajes de la luna;
escucho recetas cósmicas que luego a solas repito
y emprendo vuelo silente tras la nada y por su ruta.

    Manejo destinos santos, y sin piedad les destruyo
para volver al momento a recoger los pedazos,
mientras me ahogan sollozos tras mi cortina de humo,
mientras ignoro a los dioses, mientras me bebo mi llanto.

    Y sufro mil amarguras porque en tinieblas presiento
que sobrepaso los límites de la sencilla locura;
porque no entiendo la vida, porque me humillan los besos
con que me aturden el alma mientras me dicen "... ya nunca".

XXVI

Hoy lloro tus caricias aún más fuerte
y sueño aún más profundo con tu vida,
y río aún más loco por mi suerte,
y entierro con más fuerza mi alegría.

Hoy siento el sol más lejos y más frío
y más pálida la luna, más ausente;
hoy tiembla mi mirada tras los bríos
que antaño la animaron inocente.

Hoy sangro más caliente y colorado,
respiro más cansado y más despacio;
jadeo los recuerdos de un pasado
que todas -cada noche- me habla claro.

Camino tras las huellas de esos días
y pongo mis sentidos en su sitio,
y mido sus palabras con las mías
... y vuelvo a andar despacio y sin destino.

Regreso a la ciudad aún más vacía,
aún más taciturna, y más negra y solitaria;
encuentro a mis amigos, que me miran...
y sigo con mi llanto y sigo con mis lágrimas.

XXVII

Venid a mí, silencios de la aurora,
quejidos de la noche; venid suspiros;
acariciad la soledad, acariciad sus cosas;
reponed con sus silencios vuestros ruidos.

Venid a mí, sueños de lo imposible,
venid anhelos que os deshacéis en llanto;
bebed las lágrimas que no retengo,
tomad los aires que lejos viven;
venid a ver un alma sola, venid al cabo
si no queréis que me deshaga en silencio.

Venid a respirar mis versos rotos,
venid a recoger del polvo de la ausencia los tributos;
amasad las sonrisas con las miradas,
entretened las almas en sus pozos.
Venid a caminar conmigo tras la luna y tras sus lutos.
Venid a ver la vida, venid deprisa, que se acaba.

Venid sollozos, venid mentiras;
traed del cosmos la verdad, traed sus sombras,
traed esencia de infinito.
Venid y ver cómo me olvidan,
venid a ver cómo se ríen,
venid a ver que ni me nombran.
Venid a ver cómo me odian y cómo les envidio.

XXVIII

Este tiempo me consume y me destruye,
me mastica y ensaliva, y me traga.
Y me hace un bolo verde, y me escupe.
Y me mata con el golpe (y me mata).

XXIX

Escuchad el llanto que el rocío alumbra;
escuchad la noche que se marcha lenta.
¡Cómo se despiden los suspiros de la madre luna!
¡Cómo abre la boca y cierra los ojos el sol que bosteza!

Escuchad al mundo, ved como se mueve, ved como se alegra;
como ya sonríen las hojas más altas.
Como poco a poco la vida renace, se aleja y se acerca,
como se desprende de las viejas penas.

Escuchad al aire que se nos escapa,
a las briznas verdes y a las serias piedras.
Descubrid el duende que les sobrecoge.
Olvidad los llantos, olvidad las penas.

Recoged los frutos, colectad las flores,
y posad la vista en cada respuesta,
en cada silencio y en su mar de plata.

Despertad al tiempo y a las ilusiones,
a las nubes claras y a las aguas buenas,
a los sentimientos y a las esperanzas.

Reíd, reíd; animad los ojos,
recorred los aires y llegad a amarlos.
Sentid las presencias que ya nadie siente.
Despertad a un mundo de ciegos y locos
que se crea nuevo para vuestras manos,
para vuestras almas, para vuestros sueños y vuestra simiente.

XXX

En un rincón de la luna
presiento las estrellas de mi tiempo;
escucho sus promesas, y su espuma
me cubre sin mojarme, tan sediento.

Cabalgo por caminos de universo,
por rutas de polvo cósmico y silencio.
De ausencias me recubro, y me entristezco;
de magias y de fuerzas me alimento.

Y empaño la razón con los sentidos:
el hombre muere al cabo por absurdo
(ridículos saberes en racimos
y rancias vanidades, vanos humos).

Escucho ahora el presente del mañana
bebiendo de las fuentes del pasado.
... Hoy todo se entremezcla, más no calla:
susurra mil secretos de mil magos.

Y quemo mis mentiras, las calcino;
deshago mis mezquinas ironías:
el mundo está naciendo, Cosmos vivo...
mañana se me ha muerto sin llorar... y nace el día.

XXXI

Hoy quiero entre mil bloques de cemento
plantar las ilusiones que en mí anidan
por ver si crecen solas y ver si las encuentro
al cabo de mil años, cuando viva.

Y busco la sonrisa que prendo en las estrellas
pues quiero rescatarla del silencio,
de gris melancolía, de más grises querellas,
de azules apagados, soñolientos y aun enfermos.

Hoy quiero la mirada fiel del tiempo
las horas tan serenas, sin enojos;
los mágicos hechizos, fantásticos estruendos
que brotan verde y fresco, y no conozco.

Hoy busco fuerza viva de universo,
las lágrimas de un Dios que sufre solo;
el aire que alimenta viejos juegos
de llamas de amargura y líquidos de oro.

Y vuelo entre mil lunas y helicoides
buscando en sus silencios magnetismo,
dolor de vida enferma, angustia de reproches
y risas de alegría en ramos ambarinos.

Y dejo que me envuelvan sus mentiras piadosas,
sus aires tan pedantes de falsa eternidad;
su fuerza que es tan débil, y sus marchitas rosas...
NO puedo, es que no quiero despertar.

XXXII

¡Inúndame, Universo!
Y entierra en mí tus viejas melodías,
tus aires y corrientes, y tus besos;
tus sueños e ilusiones, y tus vidas.

¡Dame un momento, un instante
tus juegos y tu fuerza sugestiva!
Tus días y tu tiempo, tus diamantes;
tus luces y tus auras, tus espinas.

Quiero que me abraces y me fundas,
quiero que me alcancen tus suspiros;
tus más rotas caricias y amarguras;
tus horas de silencio, tus más fuertes quejidos.

Arranca de mi alma mil sonidos,
mil ásperos bramidos de fusión;
arranca de mi cuerpo sus descuidos,
arranca de mis ojos su temor.

Envuélveme de polvo libre,
de estrellas enamoradas y de emociones,
de secretos sencillos que me dicen
mensajes que se pierden en mis voces.

Y léeme la frente y la mirada,
las lágrimas furtivas, las sonrisas;
y léeme la vida y hasta el alma
¡intégralas al mundo de tus brisas!

XXXIII

    Hoy quiero ser el hijo de tus horas,
el aire que alimenta tus sentidos;
el agua de tu fuente, el alma de tus cosas.
Hoy quiero deslizarme entre tus ruidos.

    Hoy bebo y me alimento en tus entrañas
y zurzo con mis sueños tus fisuras;
hoy mano con tu vida de tu alma
y lloro mis mentiras, y río mis locuras.

    Ya nacen mis canciones de tus aires
volando estremecidas por tus brumas,
urdiendo sus heroicos ademanes
tras ver que tu amaneces cada luna.

    Hoy vago y me sustento por tus mares
y bebo tus saladas maravillas;
y siento entre tus luces mis verdades,
y busco entre tus costas mis astillas.

    Tus lágrimas renacen en mis sueños,
tus fuerzas ya me inundan sin rebozo;
tu brillo y tus estrellas, tus destellos
resurgen como dioses de mis pozos.

    Y quiero tu mirada que me alumbra
y quiero tus placeres que me tientan;
y quiero tus olvidos y quiero tus locuras
(tu vino sabe a sangre y me alimenta).

    ¡Y quiero tu agonía y nacimiento
-el aire que respiras me sustenta-
y quiero tus secretos, Universo,
tu beso enamorado y tus tinieblas!

    ¡Reúne en mis rincones tus ausencias,
rellena mis silencios con tus filos
y córtame, sagrado, siete venas,
que quiero que completes mi destino!

XXXIV

De tus sonrisas entresaco mis suspiros
y sueño noches que me esperen tras de ti,
y tus sonidos son mi mundo; hoy los olvidos
de mi vida caen resecos tras morir.

Busco tus vidas que se pierden tras mis pasos.
Con tus silencios hoy fabrico mi quimera;
y el pensamiento se me inunda entre tus brazos
de amor eterno y más eterna primavera.

XXXV

Os faltan mil y un verdades, y mil amores os odian
porque creéis en los dioses que otros os impusieron,
porque vivís entre risas creyendo que vuestras cosas
resisten más desarraigos si no escucháis los silencios.

Os alimentan absurdos vestidos de Gran Secreto
y os entretienen sonidos cuando husmeáis pura magia;
os perdéis entre mentiras, entre palabras y gestos,
entre engaños más antiguos que las mismísimas lágrimas.

Y levantáis la cabeza, levantando aún más la frente,
al sonreír ironías diciendo: "ya soy eterno".
Y os brotan brumas espesas cuando decís que las fuentes
las descubrió la razón "hace muchísimo tiempo".

Cuando pedís ilusiones las maravillas se esconden
porque vejáis su sentido y humilláis su nacimiento;
porque olvidáis sus esencias al inventar nuevos nombres,
porque matáis su alegría al pretender privilegios.

Y se derriten y mueren leyendas vivas y azules
entre calambre y temblores, entre negruras y penas,
cuando los hombres presumen de llevar las viejas cruces
con más derecho y más dignos que las más puras estrellas.

Maldecís en los desiertos las más dulces melodías
y envolvéis entre mentiras las más cercanas presencias;
fabricáis en remolinos helicoides de agonías
y negáis en vuestro infierno las más bellas evidencias.

Y torturáis alma eterna en orgías de odio y sangre,
las humildes emociones insultáis con refulgencias;
asesináis vidas nuevas que no han hecho y que no saben
la Magna Metamorfosis: "no soy yo, son mis tendencias".

Fabricáis las convulsiones de un sistema que no existe,
disculpáis vuestras bajezas en silencio y con asfixias;
anegáis las redenciones en dolor porque no griten
"os amo más que a mí mismo" "os amo más que a mi vida".

Habéis podrido la entraña de misterios y alegrías,
habéis parido la muerte y jugáis con sus vacíos.
Usurpasteis el silencio que se encarnaba en sonrisas
y las miradas serenas atravesáis con quejidos.

　　Sabed que la Eterna Magia por vuestra causa se muere,
que diluís su caricia, su soledad, sus sentidos;
que deshacéis sus verdades, que le robáis sus simiente;
pues siempre fuisteis Herodes, y no solo con sus hijos...

　　Hoy ya solo el infortunio se alimenta de tristezas
¡Abrid la caverna santa y arrancadle las entrañas!
Tomad el corazón del cosmos y bebed sus sangre espesa,
empapaos hasta la muerte: su vida está en vuestras garras.
¿Más qué haréis ¡ay, desgraciados! al sentir como su fuerza
tras el último latido, inocente y colorado, se os escapa?

XXXVI

Se mueren las palabras en mi boca
y sangran mis quimeras vida fría;
recojo las mentiras que me tocan
y vuelvo hacia el silencio de mis días.

Alumbro lunas nuevas pero heridas
y mezclo con estrellas mis sollozos;
recojo de los vientos mis despojos
y arrullo mis silencios y agonías.

Y bebo cáliz negro y estandarte
y busco en mis ausencias sus manías,
sus viejas ilusiones que me saben
a tiempos que se han ido (y que me miran).

Recurro a los recuerdos olvidados
y guiño a los consuelos la mirada.
Hoy siento tal mentira en mi fracaso
que quiero amanecer en la escapada.

XXXVII

Mil lunas te sonríen escondidas,
vigilan en silencio tus ausencias;
y esperan a que alcances, ya sin prisas,
la miel de macrocosmos y de estrellas.

Aguardan y se visten de ilusiones.
Componen para ti la primavera:
orgía de sonidos y sangre de canciones,
recuerdo del pasado que te espera.

Componen universo y te colocan
preciso entre los átomos del tiempo
(olor a magia negra y negras bocas,
un beso descarnado es su secreto).

Alumbran nuevos druidas entre azules
y abocan tras tu vida la estantigua;
eligen tus sonidos, y entre luces
te buscan un rincón y una mentira.

Anudan tus minutos a tus cosas,
te bordan en su estela plateada,
y buscan un silencio, y se te posan
(elipses de silencio entre la nada).

En círculos de magia te dibujan
y buscan para ti siete horizontes.
Hoy Helios se arrodilla y pide excusas...
¿Qué crees que significa ser un hombre?

XXXVIII

Si las estrellas hoy sonríen en silencio
y sus eternas ilusiones no iluminan,
si sus miradas no nos buscan y sus destellos
nos evitan... decidme si sus lágrimas son mías.

Y si la luna de mis noches encendidas
me roba el alma cada vez que en ella pienso;
y si me niega su dulzura, y si me niega su sonrisa
decidme ¡oh, decidme! si son míos sus secretos.

Si la ilusión del universo se me escapa
y se me filtra por mil grietas ignoradas;
si sus queridas melodías me abandonan,
y si sus sueños me maldicen,
y si sus brillos no perdonan
decidme si estoy vivo, decidme.

Y si en el gesto del mañana ya se advierten
una sonrisa rota y gris tristeza,
y si melancolía es mi silencio y de mis fuentes
no manan más que lágrimas y ausencias.

Y si del día nace el anhelo traicionado,
y si destila perlas que ya no tienen dueña
porque ella las ignora, porque ella las desprecia
… decidme ¡oh Dios! decidme si es que sigo enamorado.

COMO SABE EL VIENTO

JOSÉ RAMÓN CANO

Vencidos y depuestos

COMO SABE EL VIENTO

I

    Tras de horrores siniestros
hoy recorro caminos cuyas sangres me atraen,
tras silencio y temblores;
y les sigo y les repto
que entre angustia y miseria, respirando dolores,
siento alivio en sus aires.
    Entre lodo me muevo
con más furia y cariño, y con más movimiento;
entre ausencias más negras
que mis más negros fosos;
y entre ascos y cienos
mi sonrisa confunde alegría y miseria.
Entre muerte y tortura resucita mi cuerpo
y reúno mis trozos.
    Tras de lunas heridas de muerte
han vagado mis sueños,
tras de carnes podridas,
tras de almas sin dueño.
Pero hoy quiero más sangre y dolores más fuertes,
hoy preciso la vida torturada y mordida.
¡Necesito más llanto, entre gritos moverme!
¡Necesito comer vuestras almas y bañarme en su herida!
    Hoy preciso universos partidos
y la sangre de estrellas calladas entre todos mis huecos,
y las puras sonrisas, las ingenuas miradas.
Hoy preciso tener los chillidos
que exhaláis indefensos y sucios cuando sangres os muerdo,
y sentir vuestro miedo cuando os cubre mi capa.
    Y matar vuestro amor, devorar vuestros hijos,
y arrancaros el alma del cuerpo con un guiño traidor,
y sentir su agonía, su jadeo angustiado... y tan lenta y tan mía.
¡Y estallar todo el cosmos entre rabia y temblor
y gozar la impotencia que os produce mi hechizo!
Porque mía es la muerte como es mío el dolor... ¡Y aún más mía la
    vida!

II

    Maravilla ilusionada entre sonrisas ingenuas,
la promesa apasionada de tus ojos.
Vida eterna, enamorada, en tus mágicas estelas.
¡Me fascinan tus esencias y tus vestigios de cosmos!
    Bestias negras, depravadas, que me anidan:
soy esclavo escarnecido de mil duendes y demonios.
Mil silencios me rodean y sus sangres me salpican.
¡Oh Dios Santo: me atormentas con salvajes soliloquios!

III

    En tus miradas me recojo
y me alimento de tus ruidos
(ansias negras ya me invaden entre sonidos lejanos),
y son tus horas mis quejidos
y me atraviesan tus sollozos
(destrozan sueños que olvidé yo en tu regazo).

    No sé si espero tus suspiros,
si adoro olvidos que se han muerto entre mis manos;
ni si la muerte y sus silencios me rodean.
Entre tus almas me introduje ayer furtivo
y me he arañado con tus penas,
y me he enredado en tus enojos.
No se salir de este silencio tan cercano.

    Mil lunas nuevas acamparon en mis noches
(noches de ausencia y gris tristeza entrelazadas)
y sus reflejos se escondieron en mis huecos.
Y fui universo fascinado por el contacto de tu roce,
sonrisa eterna entre cadencias olvidadas...
¡Ay Dios cruel, que me castigas con un beso!

    Amé las horas que buscaron mis sentidos
y mil sonidos de tu vida fueron esencias de mi alma
¡Qué amor divino en ti arañaba a cada instante!
Hoy me refugio en soledades de cautivo...
(negro silencio que seduce y que destroza ¡que me reclama!)
Siento la muerte en este amor, y no lo sabes.

IV

    Sobre ti y sobre mí caen suspiros de una estrella
dolorida por distancias no explicadas,
por ausencias y silencios no olvidados.
    Y nos rozan los gemidos, y sus miradas nos pesan;
su esperanza que cae muerta a nuestro lado,
sus latidos tan calientes, colorados.
    Sobre ti y sobre mí hay mil cielos suspendidos,
mil sollozos contenidos, mil ocasos;
sobre ti, dentro de mí. Hay recuerdos.
    Hay amores que agonizan, y dolor estremecido;
hay estelas de universo entre brumas de fracaso,
de fracaso enamorado. Y hay misterio.
    Sobre ti y sobre mí desde el cielo traicionado,
desde besos y caricias... y caricias torturadas.
Desde mágicos ensueños.
    Desde mí y sobre ti hay silencio ensimismado,
hay dolor que me destroza, sangre roja y carne abierta;
hay vacío entre mi mundo y mi cabeza.
    Sobre ti y sobre mí hay secreto quieto y mudo, envenenado...
hay hechizo renegrido que me ronda... ¡Cómo quema
tu silencio!... ¡Qué dolor, qué dolor la indiferencia!

V

    Sin descanso he buscado las caricias eternas
de un eterno placer;
y he tenido respuestas lejanas, misteriosos silencios.
    Sin descanso he rogado a los dioses, que mi alma está enferma,
sin descanso y sin fe...
y tan solo las noches perdidas han salido a mi encuentro.
    Yo también tuve un aire de grandeza en mis gestos,
unos sueños dorados, unas dulces quimeras
en sonrisas envueltas;
    y también tuve amor infinito... e infinitos desprecios
me chuparon la sangre tras abrirme las venas,
tras romperme los huesos.
    Tuve ansia infinita de infinita ternura
y besé apasionado el rostro grave del tiempo,
y le tuve en mi lecho.
    Y arañé al universo un instante de alegre cordura;
conseguí su sonrisa, y creí introducirme en sus huecos...
¡Qué inocente y qué necio!
    Y he cerrado los ojos del alma para ver negras noches,
y al buscar ser eterno he llorado de envidia
y me he muerto de miedo.
    Busco amor, y temores me asaltan y se cobran favores.
Busco el soplo divino que me debe la vida...
Y es dolor lo que encuentro.

VI

¡Ay, dolor que me atraviesas!
¿Qué daños escondidos te he infligido?
¿Qué entraña te desgarro? ¿Qué sangre te he absorbido?
Dolor que me destrozas y desprecias.

¿Por qué cortas mis horas con tus filos?
¿Por qué besas mi ser para engañarle?
¿Es que soledades que me rondan no te bastan?
¿Por qué mi alma has de morder y has de quitarme?
Dolor que eres rival y eres mi amigo:
acaba con mi triste soledad y por la espalda.

Dolor que me acompañas y vigilas;
dolor que me acaricias y ausencia brota,
que con tus brazos amorosos me aprisionas y me besas;
pasión que me introduces, y escapa de mis pozos.
Dolor que me alimenta y me encandila,
dolor que habitas libre entre mis cosas:
acaba con mi llanto colorado o rompe mis cadenas.
Dolor que me das vida: dame muerte o arráncame los ojos.

Dolor que eres mi dios y mi infinito,
la carne de mi carne, la sangre de mi sangre;
dolor caliente y próximo en mí mismo.
Dolor que te me aferras, dolor que no eres nada si no existo...
¡Oh Dios, cómo te busco y necesito entre mis aires...!
Quizá yo soy el dolor, quizá tú eres el pobre miserable.

VII

Guárdame silencios entre caricias dormidas,
entre esperanzas cercanas, entre sonrisas,
entre ilusiones ingenuas.

Guárdame sentidos y prendidas maravillas;
guárdame tus aires, guárdame tus días,
tus miradas tan risueñas.

Dame nueva vida entre ilusiones,
ábreme la entraña dolorida,
rompe mis silencios, mata mis dolores.

Vive entre mis aires y pasiones,
guárdame escondido... que vigilan
mis paseos hados negros y temores.

VIII

    Estoy atado a tu silencio y mi pasado,
a tu sonrisa y mis miserias,
a tu cariño que no entiendo estoy atado;
a un mundo extraño hecho de ausencias,
a viejos tiempos que están muertos y enterrados.

    Estoy atado y hechizado por estrellas
que siempre acechan sigilosas mis desmayos,
a cien recuerdos misteriosos y cercanos.
A un dios incógnito y cruel, a las esferas
de universo, a su armonía, a su rechazo.

    Y me consumen mis dilemas cotidianos;
y ese gusano que me roe mil recovecos
se me insolenta cada noche, en cada tramo
de silencio, en cada lágrima
de las que sorbe mis esencias, mis arcanos,
en cada mágica ilusión, en cada sueño
(horada cuevas en mi alma:
me está matando sin que pueda remediarlo).

    Quise sorber los mil secretos
que guarda el Cosmos, aprovechando que me ignora;
quise adorar sus diez misterios
y de sus vírgenes placeres quise robar para disfrute de mis bocas
que tienen hambre de universo.

    Pero de nuevo mis cadenas
retuvieron fantasías, y sigo atado a la minucia de mi especie.
¡Qué rabia muda me atraviesa!
Quiero salir de la miseria, y mi alimento son fronteras.
Tormento eterno y silencioso, me estas matando lentamente.

IX

    Después de tantos sueños e ilusiones,
después de tantos días duraderos
amores naufragaron.
Perdido entre silencios y pasiones,
perdido entre temores y recelos
(murmullo estremecido de noche enamorada)
hoy sueño que te amado...
No sé si invento risas encendidas y lejanas.

    El vértigo del frío me acorrala
y solo ya me encuentro frente a todo
(calambres que recorren mis afectos).
Azules se murieron tras la nada
creyendo ser eternos:
vencidos y depuestos
se pudren hoy sus huesos en mis pozos.

    Ya casi ni recuerdo su sonrisa, que ronda mi pasado;
ya casi ni deseo recordarla;
el tiempo se revela entre mis sueños.
Hoy sé que tanto daño como hice...
Acaso no sé nada.
¡Oh Dios, espera si aún existes,
confúndeme en tu abrazo!

        Soy llanto gris y negro (hoy todo es como muerto).

X

Me rodean hoy de nuevo mil silencios
¡qué amarguras apuñalan mi conciencia!
Se desangran mis futuros entre sueños
que agonizan... les mató la indiferencia.
¿qué será de sus promesas, que será de mis cerrojos?
¿qué será de mis ausencias?
¿Qué será de su mañana? ¿y de mis lágrimas?
¿Quién se acordará de este amor tras sus despojos?

¡Ay, cielos desterrados ya me aguardan
y yo mismo me desmayo en mis lamentos!
¿Por qué siempre se mueren en mis manos
las más bellas historias y se me escapan sus almas?

Estrellas que rondáis mis desvaríos,
vosotras que matáis mis ilusiones
¿Por qué me destrozáis la vida entera?
Mis lágrimas no calman vuestra sed.
¿Por qué asesináis todo lo mío?
Y mi sangre y mis dolores,
y mi rabia por su llanto, y mi pena
¿Por qué os causan placer?
                    ¿por qué?

XI

    Miradas perdidas me siguen hoy fieles,
y el gris resplandor de lágrimas vivas
me baña, recorre mis pieles
mojando recuerdos, ahogando sonrisas.

    Y desde sus lunas vigilan mi tiempo
deseos sin dueño;
claveles marchitos se duermen.

    Y el aire me sigue espiando en silencio,
recoge mis sueños
¡Qué amargo el amigo que hiere!

    De mis ausencias yo me arranco sangres nuevas
y de mis tiempos desdichados saco fuerzas
(negros gemidos ya me rondan).

    Cada momento que me abraza siento la espera
de verme solo entre el peligro de esas fieras
(mis propias voces y zozobras).

    ¡Cómo me soban ecos fríos de fracaso!
Siento temblor de un dios ingenuo y traicionado.
La vida eterna no está cerca ni está lejos
de mis ojos, ni me acaricia su ternura.

    ¡Cómo sorprenden mis gemidos tras sus pasos!
y de los restos de mis almas y colgajos
extraigo vida, y es la muerte un zumo espeso
para apagar mi sed que es signo de locura.

XII

De entre las bromas del destino
hoy entresaco un guiño viejo,
y mil historias olvidadas me entretienen:
    lo planeé para olvidarlo sin motivo,
para beberme su silencio...
y sus suspiros me envenenan y me hieren.

    De entre los sueños que me alumbran
forjé ilusiones renacidas de sonrisas,
y su cariño fui yo mismo, y su armonía;
    pero venganzas de otros tiempos y otras luchas
me han alcanzado entre caricias
y entre los besos que sembré crecen espinas.

    Hoy otras culpas y pecados me devoran,
se cobran deudas que creí ya bien pagadas
y son mordaces al hablar de mis anhelos.
    Y me maldice y me juran... me destrozan.
y ya no sé si sigo vivo, y si en silencio oigo sus pasos
escalofríos me rodean y me aprisionan miedos negros.

XIII

    Ay Dios que me sonríes desde dentro,
mi Dios de mis caricias,
mi Dios de mi silencio.

    Ay Dios de sangre nueva en mis desvelos;
Dios santo entre mis días,
Dios mágico y sereno.

    Ay Dios de mis terrores;
ay Dios de mis mentiras y mis sueños
... Ay Dios de los martirios y Dios de los anhelos
¡Olvida mis ausencias y acógeme en tu seno!

    Ay Dios de mi infinito interminable.
Ay Dios de mis sollozos y mi pena
(tristezas que me matan sin tocarme).
Ay Dios de mi amargura y mi miseria.

    Y Dios de los consuelos y esperanzas
y Dios de las miradas tan serenas.
Y Dios de mis vacíos.
Ay Dios: no me abandones que en tu falta
siento fuego
y me quemo
y me muero en tus olvidos.

    Ay Dios de mi temblor estremecido,
de miedos sin motivo,
de lágrimas furtivas.

    Ay Dios de mis dolores y Dios de mis tristezas.
Ay Dios de mis silencios y Dios de mis carencias,
amor de mis gemidos.

    Ay Dios que me abandonas, te abandono;
y Dios que me perdonas y te ofendo.
¡Ay Dios de mis dolores, Ay Dios de mis estrellas!
¡Ay Dios entre qué horrores viviré si tú no llegas...!
    Ay Dios que siempre busco en mis enojos
    Ay Dios, Ay Dios, Ay Dios....
                              Solo hay silencio.

XIV

El silencio no mata, el silencio no duele.
El silencio no irrumpe en tu vida sin aviso y potente,
y no mana del sueño ligero, y no cambia tu suerte.
Y no nacen los sueños del viejo silencio silente.

El silencio rebrota en mis aires si intento olvidarte.
El silencio me abraza sin tiempo y futuro;
sin pasado el silencio me sale al encuentro.
El silencio es mi vida y mi vida silencios del aire.
De la ausencia manando me rodea seguro
y me atrapa en sus redes de oro el silencio.

El silencio es mi dios y mi sangre,
y yo soy su lacayo y su amigo, y su dueño;
y yo soy su enemigo y su amante.
El silencio es mi vida y mi vida silencios de nadie.

El silencio me acoge tras dolores atroces
y me saca del alma la espina y la muerte;
el silencio me cura, el silencio me cose
la herida del tiempo con vacío y bien fuerte.

El silencio me aguarda tras mentiras cotidianas
y es mi Dios el silencio porque no encuentro otro;
y mi aliento es silencio.
Y es quien miente y protege mis gastadas palabras,
él me libra de males peores y me esconde en sus pozos.
Y mi entraña es silencio.

El silencio no mata ni produce dolor,
el silencio tortura al silencio y le llama traidor;
y sonríe al ver lágrimas viejas y nuevas juntarse y morir.
Y sonríe al saber que no duele el dolor, ni el vivir.

El silencio rodea mis cosas y compone mi mundo,
él me espera a que vuelva del día exterior;
el silencio es mi vida, el silencio es sentirme seguro.
El silencio no mata ni produce dolor.

El silencio me oculta y te oculta,
el silencio devora al amor.
El silencio es eterno y es nunca
¡El silencio soy yo!

El silencio no mata ni produce dolor.
¡El silencio no mata ni produce dolor!
¡El silencio no...
¡Ay Dios mío, el silencio! ¡Ay Dios mío!
Sacadme de aquí... por favor...?

XV

Encaramado a sus deseos está el loco,
y mira al aire y le sueña enamorado.
Encaramado a su sonrisa.
Y vocifera y se lamenta, y habla solo:
le dice al agua que le siga por el campo,
que va a enseñarle maravillas.

Y de los guiños de la luna extrae mensajes:
él puede hablar con las estrellas.
Él es el rey del universo.
Y soledades le rodean y se le meten en la carne,
y los secretos que le cuentan
se le transforman en lamentos.

Y se despierta cada noche en sitios nuevos,
y cada noche la recuerda.
Gritando sufre la injusticia de un tormento,
que aquel amor que le mantuvo ya se ha muerto.

Sus ojos miran demacrados tus silencios
y te suplican y te ruegan...
Y le fascinan tus temores y tus miedos.
A ti te aterran su condena y sus recuerdos.

XVI

¡Ay Caronte, viejo amigo!
¿Cuántas veces me has pasado a la otra orilla?
¿Cuántas veces mis suspiros
delataron un tormento interminable y su agonía?

El ocaso impenetrable de tus ojos me ilumina;
el dolor de tu silencio se me suma a la desdicha
de saber lo que es el tiempo,
de saber que estamos muertos en la muerte y en la vida
(mortecinos los reflejos que me arrimas).
Siempre espero que tus remos
se te rompan, que se seque el cauce lento de mi Estigia.

¡Qué silencios me rodean y aprisionan!
Sudo sangre;
de mis carnes desgarradas manan sueños olvidados;
negros aires
me vigilan y me rondan.

Ya no espero a aquel Dios cósmico y lejano.
Mi dolor es tan profundo, mi amargura...
Soledad que me destrozas, que me arrancas la conciencia,
que me quemas y me ahogas:
yo ya sé que te alientan mis torturas
pero déjame el recuerdo de su aroma en mis esencias,
pero déjame su amor si me perdona.

XVII

Como sé que he de morir, Calor de Agosto,
quiero curar este dolor que me acompaña;
quiero olvidar el llanto amargo
y el sueño loco.

Como sé que he de morir, que de mis trozos
nacerá la perla húmeda y amarga,
quiero estrechar entre mis brazos
la luz que noto,
que me calienta y me da vida,
que me rodea y me vigila.

Como sé que un torvo buitre ha de llegar
para pelar mis huesos,
para mondar mi anhelo,
quiero beber mi propia sangre y esperar
que venga (negro gesto)
y ver su rabia sin remedio.

Ya estoy sintiendo como besas mi silencio,
como devoras con fruición mi pobre esencia,
como me sorbes desde dentro.
Tu escalofrío va empapando mis recuerdos
¡Siento el vacío que producen tus ausencias!
¡Tócame el alma: estercolero!

Sufre mi muerte como yo sufro tu vida
y haz que revienten mil dolores en mil llantos
¡rompe quimeras interiores, rasga mi tiempo!
Mi escalofrío te rodea y se introduce por la herida.
Soy yo tu sangre, soy yo tu ser... ¡Y desde cuándo
he de morir para que tu sigas viviendo!

Entre mil fríos has llegado hasta mi reino
y demacrado está tu rostro ante mi espejo:
me ves a mi cuando te miras
¿soy yo tu muerte y tu mi vida?
Dolor, dolor, dolor ¡cómo te quiero!
¡Oh dios, que noto que me deshago sin remedio!

XVIII

He soñado sus ojos
como sueñan los dioses aventuras de acero;
he soñado sus aires, he soñado su pelo.
He juntado sus trozos
y sus lágrimas bañan mi olvidado silencio.
He esperado el amor tanto tiempo....

Por caminos sin nombre he viajado
recorriendo el pasado cubierto de polvo,
y he explorado el futuro.
Y entre el eco de risas y sonidos lejanos
aprendí solamente amargura y sollozo,
que vivir ¡es tan duro!.

He vagado sin rumbo
por senderos aislados, solitarias veredas,
y he llegado al rincón donde vive el Misterio.
Y una mueca burlona aprendí a su manera.
El Ayer me retuvo
enredado en recuerdos que eran míos apenas,
enredado en la red pegajosa del tiempo
... y aprendí a respirar amarguras y penas.

Y en el bosque del mago he buscado mi signo,
en el bosque y negrura.
Alcanzar su mirada no resuelve mi enigma
pues pasó tanto tiempo...
¡Si es que hay Dios que me ayude! Los mil filos
secretos que refleja la luna
me abren tajos gigantes... Siempre tuve esa herida:
gota a gota en vil suelo se deshacen mis sueños.

XIX

 Encadenado al desaliento de esta vida,
encadenado al sufrimiento y al dolor;
acostumbrado a desangrarme por la herida
que hace tiempo la amargura descubrió:

 Anduve muchos años buscando el Gran Secreto,
la Magia y el Milagro,
el Tiempo (Misterio y Agonía).
Y al fin, condescendiendo, tan solo con un gesto
estruendo de Universo me alcanzó:
Hoy sé... y me lo callo.
¿Qué más da? Vivid la vida.

 Después de tantas lágrimas sinceras,
después de tantos sueños fracasados...
presiento que estoy solo, y solo al cabo
seguiré en esta espera.

 Tal como vine me he de ir,
con mil silencios enredados en mi esencia,
con la verdad que se ha enredado en mis mentiras.
Tal como vino volverá a venir,
recogerá de entre mis restos mis ausencias,
se llevará lo que prestado me dio un día
(separará de mis despojos su armonía).

 "Tras de mil siglos volveré y volveréis
envueltos siempre en ropaje y vida nueva.
Debéis creerme, y no olvidéis
que de entre el polvo surgirá la primavera".
...

(¿Por qué tanta mentira? Pobres almas secas:
en un momento sufriréis lo que aguanté toda una vida
¡Y pensar que no hay nadie aunque no lo crean!
Amanece anaranjado, amanece y anoche todavía).

XX

    Tengo el sueño pesado de los mundos cansados,
el silencio grabado en la frente;
soledad de mil noches sin fin.
    Tengo anhelo infinito de infinita simiente
mientras busco futuros gastados,
mientras juego a mi juego infantil.
    Tengo yermas miradas para ver más allá de la vida,
para ver los desiertos que creó el horizonte;
tengo fuerzas heridas
y las manos gastadas de rozar las mentiras
pues al cabo mi sangre es la sangre de un hombre.
    Tengo el gesto de hastío de ver tantos pasajes,
tantas almas viajeras que vienen y van,
sus latidos resecos.
    Y estoy harto de este Tiempo maldito;
tengo el aire de un loco con su viejo secreto
y el dolor penetrante de saber la verdad...
    Y un gusano con forma de dios que me roe salvaje,
que al morderme me deja un vacío infinito:
él me explica en silencio metafísicas nuevas
y me enseña el valor de la vida y las cosas;
él se ríe de mí, y segundo a segundo me acecha.
¿A quién voy a llorar si en la nada me muevo,
si la nada es el eco infinito del tiempo y me espera?

XXI

¿Por qué estoy tan vacío?
En los aires serenos noto esencias mutantes
y las oigo en silencio,
y en la noche callada siento filos cortantes.
    Me acorralan al tiempo
que me inunda su aliento,
pegajoso y tan frío.
    Noto roces sin nombre y contactos extraños,
siento horrores oscuros que me fluyen cual sangres.
Voy sudando terror y lamentos.
    Y si vuelvo la vista despacio aún alcanzo
a ver pálidos halos y fulgores sin dueño
que se van como vienen: sinuosos, reptantes.
    Cuando muere la tarde su zozobra presiento
y me alcanzan los sueños de milenios lejanos;
sus presagios me inundan de terrible silencio.
    Cada vez que se acercan yo me alejo si puedo
pero siempre tropiezo oportuno y a tiempo
(casi creo que espero encontrarlos y que casi les amo).
    Sus calambres tan fríos, sus dolores tan puros...
y me sorben la vida cada noche otro poco,
mordisquean mis horas con taimada insistencia.
    El placer que les causa ver que yo me consumo
es un viejo recuerdo que conozco yo solo
...por lo menos eso es lo que cree mi demencia.
    Si hubo un tiempo feliz en mi vida de él no tengo noticia,
y quizá si lo hubo hoy yo ya no lo entienda
porque al fin el vacío me ha penetrado,
porque al fin me ha llenado de nada
y hasta el alma me pesa;
su sonrisa cruel me atraviesa...
por la herida que abre al nacer se infiltró y hoy germina...
Solo soy su vasallo.

COMO SABE EL VIENTO

    Me alcanzó tras rondarme infinito, me aduló el muy ladino
como solo lo saben hacer... como solo él sabe ganarme;
me mordió y me besó, su caricia hizo sangres
y mis viejos dominios hoy son ya sus esclavos.
    Ya no tengo ni alma
pues mi esencia perdió ese soplo divino.
Ya no tengo ni miedo, ni siquiera conciencia.
    Y aunque no me ha matado
consiguió arrebatarme la vida.

XXII

    Desde tus jóvenes ojos
reirás mis silencios, desde su fondo
(para soñar mis sueños necesitas
muchos guiños solitarios de universo).
Rebuscando entre mis trozos
encontrarás fuegos para hundirte en lodos,
porque al asfixiarte, al notar los dedos
de la fría muerte sentirás la vida.

    Llorarás sonrisas para que te alcancen
ansias de infinito,
suspiros de esencia,
soplos del divino;
correrás tras ellos sin saber que saben
que a medio camino
la parca, esa vieja,
cortará tus hilos

      y tendrás los llantos que siempre soñaste;
y un segundo antes de llegar tu hora
sabrás mil secretos:
dejará que atisbes misteriosas cosas
para en ese instante el alma robarte
y sorberte el seso.

XXIII

En la noche yo alcanzo al dolor
y en la noche le hago mi amigo,
y le sufro y le amo... y después del amor
mis despojos reúno pues están esparcidos.

En la noche mi vida es mi vida
y es el mundo un pequeño silencio traidor:
lo real es real en lo oscuro.

En la noche se me abre la herida
y por ella en silencio se me escapa mi dios,
y por ella se va mi futuro.

La clemencia del cielo he rogado en la noche
y el dolor de la entraña consciente
es lo que ha respondido.

Y un dolor más profundo, más eterno y urente
por mi ser se desliza y se vuelve gemido.

Ya perdí la esperanza de volver a nacer,
de sentir nueva vida y por fin la pureza
(hay guardianes que vigilan mis sueños).

Y en mis muertes diarias ya les siento volver
¡los antiguos terrores y la viejas promesas!
¿Qué botín buscarán en mi espíritu enfermo?

En la noche he entendido la medida del tiempo,
el secreto que el Cosmos tan celoso guardaba.
En la noche comprendo que lo sé casi todo,
y la noche me muestra que jamás sabré nada.

A este mundo me trajo, lejana, una luna
y de él las estrellas vendrán a sacarme
¿o quizá no hay salida posible?

Todo es mío en la noche, yo soy suyo en la bruma,
y contemplo mi amor en tristeza tornarse
(en la noche no ves y no hay nada invisible).

XXIV

Te siento respirar sobre mi nuca
y recoger mis sueños en tus manos.
Ya noto tu sonrisa.

Presiento tus silencios como nunca
y gozo escalofríos esperados
fluyéndome deprisa.

Acariciar tu ausencia...
Quisiera besar tu sombra compañera,
recuerdo de tus ojos en los míos:
siento que llenas
mis silencios de fantásticas quimeras.
Algo me dice que te quiero (Escalofríos).

Pensando en tu sonrisa vivo en silencio
y en silencio lucho a solas con mis sombras.
Para acordarme de tu mirada.
Para vivir tan lentamente, con tanto tiempo...
Pensando en ti vivo de amor entre zozobras
¡Noto tu ausencia, y tan clavada...!

Pensando en ilusiones,
-azul sereno de sonrisa enamorada-,
imaginando... me he enredado en tus rincones.
Quiero este amor que debo darte;
quiero ser vida en vida anclada,
quiero fundirme con tu esencia y no dejarte.

XXV

De mis desvaríos vengo, hacia mis tristezas voy.
No me importan las ausencias tan profundas,
no me importan sus desprecios.
　　Aunque piensen que estoy solo no lo estoy:
no me dejan mis pesares, y es que nunca
se han marchado de mis sueños.
　　¡Qué me importa si hay más gente!
Ni yo mismo estoy seguro de ser cierto
¿Qué me importan sus desdenes!
　　Si tras aires de ilusiones me entretienen
los pequeños accidentes;
si la nada se ha filtrado por mis huecos...
Si es que existe, si respira, si me quiere.
　　Para nacer de los suspiros del silencio,
para brotar de mis mañanas venideras.
Para mudarme de mis viejos pensamientos.
　　Para creer que sigo vivo en mis zozobras,
para absorber el ansia negra de las sombras,
para soñar que estoy soñando y soy un sueño.
　　Para poder seguir llorando desgarrado,
para poder seguir mordiendo mis entrañas
de mis profundos pozos voy y vengo.
　　Para poder creer que dios ha muerto o le han matado,
para seguir mintiendo mis esperanzas vanas
de mis antiguas ilusiones voy y vengo.
　　Para aplicar caricias sobre la piel morena
en la que no consigo ¡cómo lo anhelo! reflejarme
de mis desvaríos vengo, hacia mis tristezas voy.
Y acaso quiera cambiarlo todo, acaso quiera.
Que miedos negros (y tan eternos) siempre me invaden:
si existe ella, si existe el mundo, o si yo soy.

XXVI

En la noche me olvido de mis penas y llantos
y en la noche me encuentro a mí mismo,
pero no me conozco.
  Y me llamo con voz temblorosa, y me llamo y me llamo...
pero nadie contesta, pero nadie responde a mis gritos
... y yo a nadie respondo.

En la noche contemplo mi vida y tu vida,
y en la noche contemplo mis horas sin gozo y sin pena;
y soy siempre yo mismo.
  Y en la noche te busco y se me abre la herida
y por ella se van en silencio mis preciosas quimeras,
tras de mil espejismos.

Y mil horas secretas e iguales que he pasado rezando,
pues de nuevo vendrá mi consorte porque nunca me deja:
me dirá que me quiere de nuevo.
  Y de nuevo reiré casi histérico de terror y de espanto,
que su aliento es tan frío y sus carnes tan negras....
¡qué despacio me noto que muero!

Mil silencios lejanos vendrán luego a por mí
aunque vivan al lado,
y mil sangres resecas poblarán viejo cuerpo;
  sentiré el gran placer de olvidar que viví
(aunque sé que me engaño:
¡Es tan dulce notar que estoy muerto...!)

En la noche me espera mi dios y me aguarda mi tiempo
y yo espero en la noche mi sombrío destino
¿Para qué he de intentar resistirme?
  Si tras aires heridos se me esconden mis viejos recuerdos,
si entre brumas se ocultan insalvables designios.
Si no tengo de qué despedirme.

Ya he llorado fracasos sin nombre y dolores eternos
y he perdido las lágrimas puras que nadie merece,
no me quedan rencores.

Se murieron despacio y sin ruido mis anhelos tan tiernos,
se murieron diciendo lo mismo que dijeron mil veces:
nada hay sino noche.

En la noche yo he sido mi dios y yo he sido mi dueño,
y en la noche mis sueños han sido mi gran aliado
(enemigos que matan despacio).

Quise ser yo el silencio, y el silencio será mi recuerdo;
quise ser puro y bueno y satánico al tiempo...
Quizá fui lo que soy... quizá quise no serlo.

Ya me voy, ya me voy... y me quedo,
el marcharse es quedarse y quedarse es ir lejos.
Ya he perdido el pasado y el pasado no sabe que he muerto.

Ya me voy al origen y al confín ignorado me vuelvo.
Sin moverme he vivido y he muerto,
        sin moverme yo he sido y lo he sido sin serlo.

JOSÉ RAMÓN CANO

Este mundo inmaculado

COMO SABE EL VIENTO

I

De los pozos sin fondo del alma,
de la fosa insondable del ser
me han brotado estas ansias.
    De los sueños que tuve y marcharon,
del silencio que ha vuelto a volver.
    De jirones sin sangre,
de silencios lejanos;
de lamentos sin nadie,
de sollozos sin llanto.
De suspiros sin aire.
    Hoy han vuelto los viejos amigos,
compañeros del antiguo viaje;
me esperaban pacientes
y me arrastran de nuevo consigo.
    Yo creí que marchaba tan libre...
olvidé los terrores antiguos
y me hundí en los pecados recientes.
Al final solo estoy en mi sitio.

II

Los cielos que he soñado son dolor entre silencio.
Y no los quiero.
No quiero que me maten sus halagos;
no quiero que se burlen.
Sus locas fantasías duelen más que sus desprecios.
No quiero que me abrasen sus engaños;
no quiero mil mentiras suspendidas ante mí,
que me asombren sus promesas;
no quiero que su hechizo me fascine
para que luego me olviden
(las lágrimas les brotan tan espesas
que atrapan alma y vida entre el carmín
de su jugosa boca...).
No quiero desgarrarme en su ironía,
sangrar la vida que ellos devoran,
morder el polvo que ellos respiran..
No quiero que mi tiempo se complete entre sus días.

III

    Sueños.
Solo sueños.
Mañana no me encontraréis aquí:
dormiré sin pausa hasta que acabe el tiempo;
dormiré tranquilo para creer que he muerto.
Dormiré sin sueños para poder vivir.
    Aire.
Tras de tus aires.
Tras de tus lunas escondidas me consumo;
tras de momentos infinitos. Tras el silencio.
Para volver a abrirme, para sentir futuro.
Para creer que sigo solo, perdido, cierto.
    Miedo.
Azul mi miedo.
Como infinitos tan azules como el cielo.
Como la espera de mi sangre y de mi cuerpo;
como es azul mi llanto mágico y sereno.
Como la nada que es azul en su misterio.

Me quedan lágrimas de esencia, me queda llanto,
pero he perdido lo que tuve y no recuerdo;
lo que ha faltado y lo que sobra... y no sé cuanto
ha de durar, si existo yo o si existe el tiempo.
Si yo soy tú, si tú eres yo;
si somos juntos, si no existimos;
si hemos soñado o soñé yo.
Si existe algo. O si lo fuimos.

IV

    Después de tantos sueños e ilusiones,
después de tantos días duraderos
amores naufragaron.
Perdido entre silencios y pasiones,
perdido entre ternuras y recelos
-murmullo estremecido de noche enamorada-
hoy siento que te he amado...
No sé si invento risas encendidas y lejanas.

    El vértigo del frío me acorrala
y solo ya me encuentro frente a todo:
calambres que recorren mis afectos.
Azules se murieron tras la nada
creyendo ser eternos.
Vencidos y depuestos
se pudren hoy sus huesos en mis pozos.

    Ya casi ni recuerdo su sonrisa que ronda mi pasado,
ya casi ni deseo recordarla.
El tiempo se revela entre mis sueños.
Hoy sé que tanto daño como hice... acaso no sé nada
¡Oh Dios, espera si aún existes, confúndeme en tu abrazo!
Soy llanto sucio y negro.

               Hoy todo es como muerto.

V

    En la noche camino por senderos sin nombre,
en la noche del alma;
y al encuentro me salen desvaríos y horrores.
    Solo busco un refugio seguro.
Pero nadie me llama.
Y de brumas espesas brotan llantos oscuros.

VI

Del ayer me han venido recuerdos y un fulgor misterioso;
una vaga fragancia, unos ecos lejanos.
Han brotado de nuevo los silencios de antaño,
y florecen ya ajadas las yemas de un silencio ominoso.

Nada queda de la gloria pasada, de las risas y orgías;
del antiguo esplendor, del poder lujurioso.
Y aunque hubo abundancia y placer, aunque hubo alegría,
nada queda del tiempo pasado, un engaño espantoso.

Hubo fiesta y fanfarrias, y un jolgorio estruendoso;
hubo goces secretos, sensuales misterios,
y placeres sin nombre... hubo sangre, hubo sexo...
Y la vaga impresión de poder más que el Tiempo, ese necio.

Tras las altas montañas, tras los valles frondosos,
tras los mares más limpios y los ríos más frescos
he llegado a las simas profundas, a las simas y pozos...
La amargura ha formado un océano de llantos espesos.

VII

La amargura es un lago profundo y oscuro
que con voz poderosa cada noche me llama insistente.
Un silencio ominoso, un deseo inmaduro.
Una vieja cansada que predice el futuro,
una bruja cambiante que cuando habla no miente.

      Me ha contado los antiguos secretos, las siniestras verdades....

VIII

Cuando llegue el mañana
no seremos si quiera ni un bello recuerdo,
ni un aliento lejano y dormido.
Cuando llegue el mañana
solo habrá desaliño y silencio,
y un lejano y solitario gemido.

Las miradas desnudas estarán ateridas
y tu voz temblorosa será triste caricia,
como un canto olvidado;
posarás sobre mi tu presencia vencida
y una daga será tu preciosa sonrisa
con sus filos mellados.

Cuando llegue el mañana
tus aromas serán como un sueño lejano,
tus perfumes fragancias de silencio y de polvo;
y los besos robados perderán sus esclavos.
De las tiernas caricias ya no habrá ni despojos
cuando llegue el mañana.

(Finalmente) Cuando llegue el mañana
quizá vuelvas a amarme;
con angustia y temor, con amor verdadero,
como nadie me ama.
Y vendrás a buscarme.
¿Sentiré yo tu amor aunque no tenga un cuerpo?
¿Sentirás mi dolor? ¿O seremos silencio?

IX

    Aún ayer yo era un niño y mi sangre bullía
y el amor era mío...
el amor y el espanto.
Pues recuerdo mis noches eternas,
vacías, como flores marchitas y ajadas,
que pasaba aterrado rezando,
que pasaba sollozando y con frío.
    Cuando sea ya un hombre
tendré cielo e infierno en mis propias entrañas,
clamor vivo y sosiego, y perdón y venganza
           y el dolor será mío en silencio
             porque ya no habrá lágrimas.
Y si un día....

         Me dirás que la vida es maravillosa
         al volver de los Paraísos Oscuros;
         que tu amor me librará de cualquier cosa,
         de las garras del Tiempo Futuro.
         Me dirás que tus lágrimas calmarán mi sed,
         que tus caricias cerrarán la herida;
         que serás como mi segunda piel,
         que nada más precisaré en esta vida.

X

    Por ganar tu estima viví en silencio
y hablé conmigo de mis pecados y de tus anhelos;
me deslicé por recovecos
y recorrí caminos que no quería.
    Para ganar tu estima mordí tu anzuelo,
sentí el dolor que se conoce de otros excesos
y me quemé en tu fuego...
para ganar tu estima.
    Hoy me arrepiento de mi fracaso, pues me rechazas
¿o el que me tengas olvidado es solo amor?
No sé si me alimentas y sostienes o me matas
pues la dulzura de tu recuerdo me corrompió.
    Quizá no acepto que ya estoy muerto,
quizá he olvidado que es peligroso el resplandor
de tu mirada: lo único cierto,
la única herida.
    Quizá no aprecie nada más en esta vida
y no distinga entre los goces y el dolor,
y me conforme con soñar despierto.

XI

    Siento el mismo dolor cada noche,
la misma ausencia desgarrada
desde mi infancia.
No va cediendo y no aminora.
Ya me tortura como un goce
y a cada instante se me abraza.
Y una fragancia
persistente se me pega y me inspecciona.

    Es un desgarro compañero, casi un colega.
Es una vieja desgreñada y maloliente,
amante antigua y despechada, reticente.
Promesa extraña que seduce y que doblega.

    Es el recuerdo desdichado del placer
y la tortura más sutil y duradera,
pues se ha engastado en mis creencias:
    es mis temores y mis ansias de saber.
Lo tengo dentro de mi esencia,
me está matando y no lo intenta.

    Tanto me ha amado que no recuerdo ya otra cosa,
y tantas veces sus caricias me han vencido
que cuando tengo sed bebo mi sangre.
    Más las heridas que ha causado, aun siendo hermosas,
me han enfermado y me han dejado consumido
pues desde dentro me devoro... tengo hambre.

XII

    Después del Tiempo solo será mi nombre
y un aleteo leve confortará mi sueño.
De los pesares no quedará recuerdo
y de las lágrimas tan solo el roce.
    Después del Tiempo mis pensamientos ordenarán el mundo:
no habrá apetitos ni quedarán pasiones.
Los resplandores serán oscuros
… no habrá alegría, no habrá emociones.

XIII

    Yo seré tu corazón.
Seré tus ojos y tu mirada;
te cantaré canciones ya olvidadas.
    Seré tu amor,
y tú serás mi enamorada.
    Habrá dolor, lágrimas viejas y enjugadas,
y un gran pesar en las miradas.
    Habrá pasión,
y habrá traición y puñaladas.
    Recordarás la dicha
y el arrobo
y la emoción...¿o no hubo nada?
    Solo una vida.
    Solo pasión.
        La vida solo.

XIV

Si solo tuviera miedo me mantendría con vida,
si solo tuviera miedo.
Si la verdad no supiera;
si no hiciera tanto tiempo que convivo con la herida.
Si me elevara del suelo
... y si no me conociera.

Si beber mis propias lágrimas no me dejara sediento,
si comer mi propia entraña no me dejara hambriento;
si tuviera una esperanza.

Si creyera aquellos cuentos infantiles (Salvación),
si no fuera un pobre hombre, un esperpento.
Si tuviera el alma blanca.

Si el dolor que me consume no fuera cierto...
Si tan solo tuviera un corazón...
Me mantendría con vida si creyera que hay un dios.

Sé que me esperas.

XV

    ¿Me conoces?
Vivo en tu mente
y me alimento de tus sueños;
tus pensamientos no son tuyos
pero apenas me sientes
quedo, apagado, un murmullo.

    Vivo en tus cosas, moro en tus sueños
y te fabrico tus recuerdos.
Yo soy tu furia
y soy tu hambre,
y tu conciencia y sus misterios.
Aliento negro y sudor frío;
lujuria espesa
y negra angustia.
                Soy incansable.

XVI

    De los oscuros pozos,
de las profundas fosas
seres antiguos han emergido.

    Seres deformes, seres extraños,
de maloliente lodo
y de terrible bocas,
que con sus fuertes garras se han aferrado
y han hecho presa con sus colmillos:

se me han pegado como una grasa sucia y espesa
y por mis poros se van filtrando entre chillidos;
y me susurran ideas locas, sucias y obscenas,
y sustituyen mis viejos miedos por sus delirios.

    ¿Qué sois vosotros, nuevos parásitos?
Con insistencia mordisqueáis mis desvaríos
y me arrancáis la piel del ser en tiras finas.
Yo solo soy un alma vieja en raro tránsito
y no comprendo por qué me hacéis vuestro objetivo
… tan solo sé que llenaréis todos mis días.

    ¿Seréis vosotros la respuesta a la antigua duda?
¿Seréis amigos entrañables? ¿Viejos canallas?
Por las heridas que me infligís mana una sangre sucia y oscura
que por mi cuerpo se desliza, fría y callada.

XVII

¿Qué es el Tiempo?
¿Ensoñación? ¿Recuerdos?

    Cuando yo muera
se lo tragará todo el Tiempo:
devorará mi recuerdo
y pelará mis huesos.

    Y aunque no lo quiera
me atrapará el silencio,
rodeará mi cuerpo
... me besará de nuevo.

    Y ya no habrá miradas limpias,
y ya no habrá música
y ya no habrá estruendo.
    Solo habrá flores mustias,
solo habrá ausencia muda.
              Ni siquiera habrá miedo.

XVIII

    Son los pecados del pasado,
viejos demonios,
los que te acechan y persiguen;
    caros amigos los que al cabo
-y hoy ya sin odio-
te mordisquean y en ti viven.

XIX

    La amargura es un lago oscuro,
una sima sin fondo,
es un cielo vacío de estrellas.
    Es dolor cotidiano y profundo,
conocer el futuro que espera;
es tener por amigo al silencio
y aguardar lo que sabes que llega.
    La amargura es vivir del pasado;
un estrecho pasillo
que a ningún lado lleva,
una puerta entreabierta
que no tiene pestillo.
Un gran pozo anegado.
    La amargura es saberte tú mismo,
no poder restañar tus heridas.
Conocer lo que todos ignoran,
recordar los que todos olvidan.

XX

¡Cómo duele la vida
cuando muerde tan fuerte!
¡Cómo duele la herida
del tiempo!
Y el fracaso y el olvido
¡cómo duelen!
¡Cómo duele el silencio!
Pero el dolor más vivo
la maldición divina:
    conocimiento.

XXI

    Sobre tu piel dibujaré mis emociones,
anhelos blancos sobre moreno lienzo;
y viviré de tus deseos.
    Serás mi alma cuando me falte el cuerpo,
caricia tierna en mis dolores,
lágrima pura de amor eterno
(polvo sereno sobre mis restos).
    Recordaré tus ojos hasta el final del Tiempo.
Recordaré tus manos, recordaré tu pelo,
y tu mirada limpia.
    Recordaré tus sueños.
Recordaré tu amor y tu sonrisa.
Recordaré tu rostro cuando no encuentre el Cielo.

XXII

¿Podrás vivir sin lágrimas?

    Mi querida, mi amiga. Compañera.
Que cada noche me aguardas,
que cada noche me esperas.
Mi querida, mi amiga. Compañera.

    Yo querré ser tu amante
aunque me envuelva el Tiempo,
malherido por los goces de tu amor;
y querré cada noche conquistarte,
ser sustancia entre tus sueños...
la dulcísima caricia del dolor.

    Mi querida, mi amiga. Compañera.

XXIII

    De hinojos ante ti postrado
suplicante tu merced ruego;
devorado por mí mismo y mis pecados,
deshecho en llanto
y en dolor sincero;
el corazón quebrado
pues no se cuanto
más soportaré este duelo.

    A ti dirigiré mis ojos anegados,
mis manos sucias
suplicantes de favor ingrato,
mi alma y mis anhelos.
Y en silencio esperaré tu trato,
aislado en mis minucias,
con ansia viva de tener tu cielo.

    ¿Te dignarás mirarme al cabo?
¿Serás candil, hermosa tea?
¿me tenderás la mano?
Aunque presiento
que de la orilla en este lado
ya no cuentan
los triunfos del pasado.

XXIV

La vida es tránsito,
correr sin fin en pos de tu destino,
lento jadeo
del esfuerzo exhausto;
pozo de amor, lago de olvido;
y un aleteo
extraño, vago, desconocido.

    Pero si aciertas a escuchar tranquilo
    el rumor lejano del mar
    y su bramido,
    el crepitar del fuego en el hogar;
    si a la oropéndola consigues observar
    vestida de oro fino;
    y si aspiras del bosque los aromas
    y te bañas en el agua de montaña;
    y si encuentras un amigo
    quizá, solo quizá,
    podrás decir que has vivido.

XXV

He nacido encadenado,
con fuerte lazo sujeto;
amarrado al miedo y al pasado,
atado fuerte y bien prieto.

He nacido sobre el suelo recostado,
con los ojos inyectados muy abiertos;
contemplando este mundo inmaculado,
sin dolor, sin lágrimas... perfecto.

Y creo que he tenido el tiempo suficiente
para saber que mi tiempo ya ha pasado,
más no consigo comprender por qué la gente
sigue corriendo aún después de haber llegado.

Y como siempre me he sentido un extranjero
estoy ligado a mis recuerdos sin remedio:
se están fundiendo sus cadenas con mi cuerpo
mientras mi ser se desintegra y yo me muero.

    No quedará después de mí ni un leve rastro
    pues del futuro ya no tengo leve duda;
    tampoco espero ya encontrar la cura
    a este dolor y a este mal imaginario.

    Ya solo tengo la certeza de la nada
    pues nada nuevo sucedió desde la cuna:
    amor... dolor... tan solo lágrimas
    soñadas, hechas de espuma.

XXVI

    Lo que fue... ¿lo fue de veras?
¿o es solo engaño, vana ilusión?
Del ayer, de sus lamentos y penas,
tengo recuerdos que parecen de otro yo.

    Lo que será no existe o no existirá;
y lo que es... dejó de serlo.
Del futuro rememoro lo que habrá.
Y es el hoy tan solo humo, quizá sueño.

XXVII

¿Recuerdas la frescura de los chopos?
¿el plateado y pálido verdor de las encinas?
El pequeño río cantaba sin descanso
reverberando el agua a cada poco
sobre sus remolinos, en cada esquina,
mientras el aire se explicaba susurrando.

¿Recuerdas que eras rubio? ¿y menudo?
Quizá aún puedas ver a tus amigos:
sandalias, camisetas, algún mendrugo...
Y el sol que se filtraba entre las hojas
jugueteando largo rato, entretenido,
contemplando mariquitas de alas rojas.

XXVIII

    Caminante de rúas oscuras,
pasajero del tiempo negado;
un efímero sueño.
    Niño viejo de alma tan dura,
reo preso por viejos pecados;
perro muerto sin dueño.
    Sin querer me asomé a los abismos
y en un vértigo insano
contemplé paraísos crueles,
    y mi antiguo candor se tornó en espejismo.
Y un horror inhumano
me alcanzó y me retiene.
    ¿Dónde está la pureza?
¿Y el amor? ¿Y la calma, y la dicha?
¿Dónde está la esperanza serena?
    Fueron falsas promesas
que acarrean dolor a la vida,
y crueles engaños, monstruosas mentiras
            (embeleco del alma, una vil artimaña).
    Y es terrible que aún me asalten las lágrimas,
sufrimiento perpetuo
y un atroz desengaño.
    Que resuene en los rotos acordes del alma
de lo infinito un eco
que es el único amo.

XXIX

¿Me llamaste, amor?
Siento tanto no haberte oído...
Yo vivía confiado, ignorante
de peligros, sin dolor,
vagabundo del olvido
... y tú me llamaste, amor.

Mi amor ¿qué te apena?
¿puedo ayudarte?
Te daré mi corazón,
te daré lo que he vivido
... si no sé cómo ayudarte
¿por qué me llamaste, amor?
Si no puedo el alma darte,
amor ¿por qué me llamaste?

Me mecieron tus mareas
y tus dulces melodías me acunaron
¿fuiste un sueño?
Los agravios ya no pesan
y tus besos que sufrían se escaparon
... y yo ya no te recuerdo.

XXX

　Me lo trajo el viento, tu recuerdo,
y tus perfumes,
y con ellos la caricia del dolor.
　Me lo trajo el viento, me lo trajo.
Y fue la daga conocida del amor,
la vieja lumbre
donde arde sin remedio mi otro yo.

XXXI

    En las horas largas de las noches quietas,
tan calladas como gritos sin respuesta,
tan dolientes,
vienen a mí recuerdos vagos y lejanos,
familiares como amigos, como hermanos
insolentes.

    Compañeros de viajes olvidados:
silenciosos, amistosos, tenebrosos.
Me amenazan sin palabras
y me hieren sin esfuerzo;
sus silencios son pesados
más su abrazo es amoroso...
porque dicen que me aman,
porque dicen que no he muerto.

        Dulce es su beso, calientes sus caricias.

XXXII

    Me diste tu mano
y yo te seguí por caminos tristes
y por umbrías veredas.
    Perdí los miedos
y me volví tu esclavo
porque mi mano asiste,
               y me sentí nuevo.

    Olvidé consejos y perdí vergüenzas;
me zambullí en silencios
y me corté las venas.
Comí lo prohibido.
Maté lo amado.
    Tu afán y mi dolor se me han mezclado
y ya no sé si sigo vivo
o estoy perdido sin remedio en lo soñado.

               Debí temerte.

SOBRE EL AUTOR

El autor nació en Valladolid hace ya algunos años, donde transcurrieron su infancia y juventud. Después de estudiar medicina en su universidad se desplazó a Santander para especializarse en neurofisiología clínica. Posteriormente y por motivos laborales ha vivido en diferentes localidades (Palma de Mallorca, Albacete, Ciudad Real, Soria) para regresar a su ciudad natal casi veinticinco años después de abandonarla. Con su familia.

IMÁGENES

Portada: Raso de Portillo, Valladolid.
Página 4: Convento de Filipinos desde el Campo Grande, Valladolid.
Página 50: Fuente de La Fama (Campo Grande), Valladolid.
Página 94: Cruz Alta, Buçaco.
Página 138: Costa Nova, Aveiro.
Página 168: Ponte de Lima, Viana do Castelo.
Página 201: Original de José Ramón Cano Rosás (trabajo escolar).
Página 202: Original de José Ramón Cano Hevia (trabajo escolar).

www.ingramcontent.com/pod-product-compliance
Lightning Source LLC
Chambersburg PA
CBHW022357040426
42450CB00005B/219